Vera Vilhena de Toledo e Cândida Vilares Gancho

Sua Majestade, o Café

Vera Vilhena de Toledo

Formada em História pela Faculdade de Filosofia,
Ciências e Letras Sedes Sapientiae (PUC).
Mestre em História pela Universidade de São Paulo.
Professora em rede particular e estadual de ensino.

Cândida Vilares Gancho

Formada em Letras pela Faculdade de Filosofia,
Letras e Ciências Humanas da Universidade de São Paulo.
Professora em rede particular de ensino.

3ª edição
São Paulo, 2013

MODERNA

3ª impressão

CB003279

© VERA VILHENA DE TOLEDO, CÂNDIDA VILARES GANCHO, 2013

1ª edição, 1990
2ª edição, 2002

COORDENAÇÃO EDITORIAL: Lisabeth Bansi
ASSISTÊNCIA EDITORIAL: Patrícia Capano Sanchez
PREPARAÇÃO DE TEXTO: Andreia Pereira
COORDENAÇÃO DE EDIÇÃO DE ARTE: Camila Fiorenza
DIAGRAMAÇÃO: Silvia Massaro, Cristina Uetake
CAPA: Caio Cardoso
IMAGENS DE CAPA: ©NinaM/Shutterstock, ©Museus Castro Maya/Div. Iconografia, Rio de Janeiro, ©Africa Studio/Shutterstock, ©Haak78/Shutterstock
ILUSTRAÇÕES: Glauco Diógenes
CARTOGRAFIA: Anderson de Andrade Pimentel, Ericson Guilherme Luciano, Fernando José Ferreira
COORDENAÇÃO DE REVISÃO: Elaine C. Del Nero
REVISÃO: Nair Hitomi Kayo
PESQUISA ICONOGRÁFICA: Mariana Veloso Lima, Marcia Sato
COORDENAÇÃO DE BUREAU: Américo Jesus
TRATAMENTO DE IMAGENS: Fábio N. Precendo, Pix Art
PRÉ-IMPRESSÃO: Alexandre Petreca, Everton L. de Oliveira Silva, Hélio P. de Souza Filho, Marcio Hideyuki Kamoto, Vitória Sousa
IMPRESSÃO E ACABAMENTO PSP Digital
LOTE 277462

A editora empenhou-se ao máximo no sentido de localizar os titulares do direitos autorais dos poemas *Moça tomando café* (págs. 3 e 83), *A florada* (pág. 14), *Soldados Verdes* (pág. 23) e *Café-expresso* (pág. 71) sem resultado. A editora reserva os direitos para o caso de comprovada titularidade.

Dados Internacionais de Catalogação na Publicação (CIP)
(Câmara Brasileira do Livro, SP, Brasil)

Toledo, Vera Vilhena de
    Sua majestade, o café / Vera Vilhena de Toledo, Cândida Vilares Gancho. -- 3. ed. -- São Paulo : Moderna, 2013. -- (Coleção desafios)

    ISBN 978-85-16-08479-0

    1. Café - Brasil - História (Ensino fundamental) 2. Cafeicultura - Brasil I. Gancho, Cândida Vilares. II. Título. III. Série.

12-14021   CDD-372.89

Índices para catálogo sistemático:
1. Brasil : Café : História : Ensino fundamental   372.89
2. Brasil : Cafeicultura : Ensino fundamental   372.89

REPRODUÇÃO PROIBIDA. ART. 184 DO CÓDIGO PENAL E LEI Nº 9.610, DE 19 DE FEVEREIRO DE 1998

Todos os direitos reservados

EDITORA MODERNA LTDA.
Rua Padre Adelino, 758 – Belenzinho
São Paulo – SP – Brasil – CEP 03303-904
Vendas e atendimento: Tel. (11) 2790-1300
Fax: (11) 2790-1501
www.modernaliteratura.com.br
2019
Impresso no Brasil

Num salão de Paris
A linda moça de olhar gris
Toma café.
Moça feliz!

Mas a moça não sabe, por quem é,
Que há um mar azul, antes de sua xícara de café;
E que há um navio longo antes do mar azul...
(...)

Cassiano Ricardo, "Moça tomando café", *Martim Cererê*.

© NinaM/Shutterstock

AGRADECIMENTOS
Fran's Café (Moema, São Paulo)
Centro de Preparação de Café

Sumário

Apresentação, 6

1 Da planta ao cafezinho, 8

2 Da África ao Brasil, 13

3 Do cafezal à mesa, 18

4 O café pede passagem, 23

5 A fazenda de café do Rio de Janeiro, 27

6 A fazenda do Vale do Paraíba, 29

7 A fazenda do Velho Oeste Paulista, 38

8 A fazenda do Novo Oeste Paulista, 43

9 A fazenda das frentes pioneiras, 50

10 As marcas do café, 53

11 Café Brasil, 56

12 Os negócios do café, 61

13 A capital do café, 71

14 Quem foi rei nunca perde a majestade, 78

Considerações finais, 85

Bibliografia, 88

Apresentação

Quando tomamos café, que é um hábito internacional, não fazemos ideia de todo o trabalho e tempo exigidos para que a bebida chegue à xícara: derrubada da mata, plantio, trato do cafezal, colheita, beneficiamento, transporte e comercialização.

Quando tomamos café, não imaginamos quantas pessoas foram envolvidas, no passado e no presente, com sua produção: escravos, colonos, trabalhadores rurais, donos de terra, comerciantes, exportadores, importadores, estivadores e consumidores.

Quando tomamos café, não lembramos que ele trouxe e ainda traz riqueza para o Brasil, que ele foi responsável pelo desenvolvimento do estado de São Paulo; em outras palavras, que provocou a mudança do centro econômico do Nordeste para o Sudeste.

Quando tomamos café, um hábito tão social, nem percebemos que ele foi a essência de uma época — a passagem do século XIX para o XX. Nesse período, os fazendeiros do café viveram seu apogeu e o Brasil deixou de ser uma Monarquia para ser uma República, com a mão de obra escrava substituída pelo trabalho livre do imigrante.

Quando tomamos café, não o relacionamos com o primeiro ciclo de industrialização brasileira, que durou de 1914 até 1930. O café forjou a base da moderna economia capitalista paulista e brasileira, cujo investimento veio da riqueza gerada pelas exportações.

Quando tomamos café, não atentamos para o fato de que, apesar de sua origem estrangeira (africana), seu papel em nossa terra, nossa sociedade, nossa economia e nossa cultura foi extremamente importante.

O café identifica o Brasil. Não só porque nosso país ainda é um dos grandes exportadores do produto, como também pelo fato de o café estar sempre presente no nosso cotidiano, sendo considerado símbolo da hospitalidade brasileira.

Conhecer o café é resgatar uma parte da memória brasileira. Nas próximas páginas esperamos que o passado se transforme em presente; que as fazendas de café se tornem concretas e vivas como se caminhássemos por elas; enfim, que a leitura a seguir possa ser tão agradável quanto a conversa estimulada por um gostoso cafezinho.

1. Da planta ao cafezinho

Quente como o inferno,
Preto como o carvão,
Forte como o diabo,
Doce como o amor.

Talleyrand

A *COFFEA ARABICA*, NOME CIENTÍFICO dado pelo botânico Lineus ao arbusto que dá o café, é plantada por meio de mudas ou sementes. Pertence à família *rubiacae*. As duas espécies mais cultivadas no mundo são *Coffea arabica* (café arábica) e *Coffea canephora* (café robusta).

No Brasil, setembro é o mês para o seu plantio. A primeira florada vem após três anos, e, no quarto ano, faz-se a primeira colheita. Do sexto ao oitavo ano, a planta tem seu rendimento máximo: 5 a 8 quilos de café beneficiado por pé. E continua produzindo por até quarenta anos, ainda que em menor quantidade.

De maio a agosto, os frutos, conhecidos por *cerejas*, são colhidos por apanhação um a um, ou por derriça, que consiste em correr a mão pelos galhos, da base para a ponta, de maneira que as cerejas caiam numa cesta ou num pano estendido ao pé da planta, ou mesmo no chão.

Acima, mudas de café. Ao lado, plantação de café – variedade Mundo Novo, resistente a pragas, doenças e condições climáticas adversas.

Café maduro (cereja) pronto para ser colhido.

Os frutos do cafeeiro, ao serem colhidos, são jogados em um pano estendido junto ao pé de café.

Depois vem a abanação, um processo de limpeza do café, que consiste em colocar parte dos grãos colhidos numa peneira, jogá-los para o alto e tornar a recolhê-los, de modo que parte das impurezas, como terra, pedras, galhos e folhas, vá caindo da peneira por ação do vento.

Abanação do café, feita com peneira. Constitui a primeira etapa do beneficiamento.

Depois disso, os frutos são carregados em cestos para o tanque a fim de serem lavados e daí transportados para o terreiro, onde ficam vários dias. À noite são amontoados e cobertos para ficarem protegidos do sereno; de dia, são espalhados com rodos para secar ao sol. Do terreiro, o café é levado para a tulha, ou seja, o galpão de armazenamento de café seco.

O café seco, também chamado *café em coco*, é despolpado para o aproveitamento dos grãos ou sementes. Esse processo pode ser manual (em pilão) ou

© João Prudente/Pulsar Imagens

Trabalhador em terreiro de secagem de café. As cerejas vão sendo reviradas com rodos de madeira.

© Valmas/Shutterstock

Agora, os grãos de café já estão secos e torrados, prontos para serem moídos.

automático, em máquinas que eliminam as películas que envolvem o grão. Por fim, os grãos são torrados e moídos, dando origem ao pó de café. Da infusão do pó, nasce uma das bebidas mais populares do mundo: o cafezinho, muito fácil de preparar.

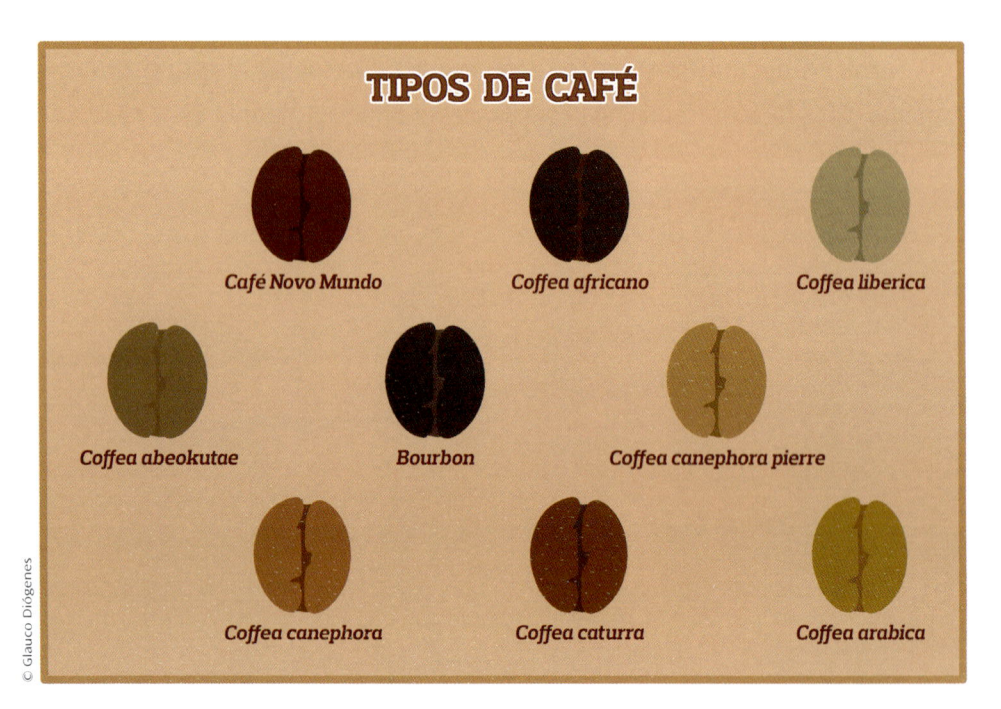

TIPOS DE CAFÉ

Café Novo Mundo — Coffea africano — Coffea liberica

Coffea abeokutae — Bourbon — Coffea canephora pierre

Coffea canephora — Coffea caturra — Coffea arabica

© Glauco Diógenes

Aceita um cafezinho?

Receitas mais usuais do cafezinho:

1ª) Ponha dois copos (200 ml) de água para ferver; coloque uma colher (de sopa) de pó de café num coador e despeje a água fervente sobre o pó, de modo que a bebida escorra para um bule. É só adoçar a gosto e beber.

2ª) Coloque uma colher (de sopa) de pó de café em dois copos (200 ml) de água em ebulição e, assim que levantar fervura, passe a mistura por um coador. Adoce a gosto e sirva.

2. Da África ao Brasil

O CAFÉ É ORIGINÁRIO DA REGIÃO DE KAFFA (de onde lhe veio o nome), na Etiópia, África. Diz a lenda que um pastor chamado Kaldi observou que suas cabras ficavam mais espertas e saltitantes ao comer as folhas e os frutos do cafeeiro. Curioso, o pastor experimentou os frutos e se sentiu mais alegre.

No século XVII, o cafeeiro foi levado para a Europa e, um século depois, o cafezinho já era bastante consumido por ingleses, holandeses, franceses e alemães.

CAMINHOS DO CAFÉ

Anderson de Andrade Pimentel

Era tido em alta conta como suave estimulante e até como digestivo. Muitos atribuíam ao café uma série de benefícios à saúde: bom para o coração, para o fígado, para o sangue e até para curar sarna... Tais "qualidades" ajudaram a superar o preconceito contra sua origem muçulmana, não cristã.

O café passou a ser apreciado pelos norte-americanos a partir de sua independência; até então eles bebiam chá, por influência inglesa.

Atribui-se a introdução da *Coffea arabica* no Brasil ao sargento-mor Francisco de Mello Palheta, que teria ganhado, da esposa do governador da Guiana Francesa, algumas sementes de café. Essas sementes foram plantadas no Pará, em 1727.

Não se sabe como o arbusto chegou, por volta de 1776, ao Rio de Janeiro, onde foi cultivado apenas como planta de jardim, não despertando interesse nos senhores de terra, ocupados com o cultivo da cana-de-açúcar. Aos poucos, porém, a cidade cobriu-se de cafezais. Nos jardins das casas, o cafeeiro existia como planta ornamental, de florescência branca e frutos vermelhos, e como símbolo de sorte e de vida. Em algumas casas de cidades por onde o café passou, ainda hoje a planta ornamenta os jardins, lembrando o passado.

O cafezal, branco de flor, amanheceu que é uma grinaldade princesa.

Cassiano Ricardo, *A florada.*

Flor de café.

© Haak78/Shutterstock

Floração do cafeeiro é prenúncio de grande safra.

Assim, o café, que não fazia parte dos hábitos alimentares do português, do negro ou do índio, foi pouco a pouco entrando na vida brasileira.

Conta-se que o artista francês Jean-Baptiste Debret, de passagem pelo Rio de Janeiro, no começo do século XIX, espantou a todos pelo fato de tomar café depois das refeições. A bebida ainda não era hábito brasileiro, embora já fosse um costume do europeu e do norte-americano de classe média.

Dos jardins da cidade do Rio de Janeiro e das primeiras plantações nas encostas dos morros vizinhos saíram as primeiras mudas de café. Seu plantio se intensificou somente quando houve demanda do mercado externo e o negócio se tornou rentável.

Com o declínio da mineração em Minas Gerais e do cultivo da cana-de-açúcar no Nordeste e no Rio de Janeiro, abriu-se a possibilidade da introdução da cafeicultura. As condições geográficas e econômicas do Sudeste do Brasil eram favoráveis: havia disponibilidade de terras, de mão de obra escrava, de capital e, sobretudo, havia um mercado consumidor garantido.

Assim, a fazenda de café se tornou uma unidade produtiva integrada ao sistema econômico europeu, pois fornecia um produto que, ainda que não fosse europeu, começava a ser consumido nos países ricos. A produção brasileira de café não foi motivada pela necessidade alimentar ou por qualquer outra razão interna, mas sim pelos interesses comerciais internacionais.

Mais uma vez o Brasil, país rico em terras, comportou-se como fornecedor de matéria-prima e gêneros alimentícios para os países industrializados. Desde o período colonial, o cultivo de gêneros agrícolas foi o principal modo de ocupação territorial, pois aqui havia terra farta e fértil, mão de obra escrava e a possibilidade de cultura de um só produto (monocultura), o que barateava a produção.

Esse quadro não mudou no século XIX, apesar de o Brasil não ser mais colônia: a fazenda de café também se estruturou sobre estes três pilares — latifúndio, mão de obra barata e monocultura voltada para a exportação.

Contudo, alguns fatores que distinguem a cultura do café da cultura da cana-de-açúcar, predominante no período colonial, devem ser destacados: o seu caráter de cultura itinerante (logo que as colheitas começam a enfraquecer, é necessário mudar o cultivo para novas terras, com novos cafeeiros, a fim de assegurar os lucros); o uso de capital nacional, geralmente pouco no início da instalação da fazenda, composta de terreiro, tulha (local de armazenamento do café seco) e quase nada de máquinas; o fato de não ser necessária a permanência do fazendeiro no local de produção, podendo ele ocupar seu tempo com negócios na cidade.

Analisando a ocupação do espaço físico numa fazenda de café, observamos que, apesar de algumas mudanças determinadas pela época e pela região, alguns

Vista aérea: plantação de café em curva de nível.

© Delfim Martins/Pulsar Imagens

Vista de terreiro de café (São Paulo, 1900-1920).

© Keystone France/Gamma Keystone/Getty Images

elementos são comuns e fundamentais nessa ocupação. O espaço da fazenda sempre foi determinado pelas necessidades do cafeeiro, que, para produzir e dar lucro, precisa de clima ameno e solo fértil (a chamada *terra roxa*).

Nas proximidades, era essencial a existência de um rio para fornecimento de água e produção da energia utilizada na movimentação dos pilões para socar café, moer mandioca e milho para a alimentação do pessoal da fazenda. No local escolhido eram construídas a casa do fazendeiro e seus familiares — a sede — e a casa dos trabalhadores, que eram, no passado, os escravos. Era necessário também espaço para a casa das máquinas de beneficiamento, a tulha, o depósito de ferramentas e o terreiro, onde se secava o café, que constituía o centro da fazenda. Faziam também parte da fazenda os pastos do gado de carga e de corte, os cercados para a criação de galinhas, patos e porcos, a área de terra para a horta, o pomar e um espaço para floresta, que era, entre outras coisas, uma reserva de capital, ou seja, uma terra que podia vir a se tornar um cafezal e gerar lucro.

3. Do cafezal à mesa

O CAFÉ, NO PÉ OU NA TULHA, não representa riqueza alguma. Para dar lucro, ele precisa chegar ao consumidor do mercado interno ou externo. Portanto, da fazenda à bebida, passa necessariamente pelos meios de transporte. Depois de ensacado, o café segue por diferentes caminhos até o porto. No passado, ia em

Sacas de café sendo transportadas para o porto de Santos (década de 1920).

© Keystone France/Gamma Keystone/Getty Images

© Museus Castro Maya/Div. Iconografia, Rio de Janeiro

No século XIX, o pintor Jean-Baptiste Debret retratou o transporte de café por escravos. Um deles ia na frente portando um ramo de café para espantar os maus espíritos e dar ritmo à marcha (aquarela sobre papel, 15,6 x 21,6cm. 1826).

lombo de burro (em tropas numerosas), ou nos carros de boi; mais tarde, seguia de trem; e hoje, vai em caminhões, pelas rodovias.

O fazendeiro de café é também um homem de negócios. É ele o responsável pela comercialização das sacas de café. No passado, isso acontecia no próprio porto. Depois, até o início do século XX, as Casas Comissárias, estabelecidas nos portos, tiveram papel predominante na comercialização da produção cafeeira. Elas tinham tanto ou mais poder que os fazendeiros, porque ganhavam uma porcentagem para a comercialização por meio de seus corretores, que iam negociar o produto com as grandes firmas exportadoras. As Casas Comissárias foram os primeiros bancos do café, emprestando dinheiro e garantindo lucratividade ao negócio.

Uma outra forma de comercializar o café no porto era a negociação direta com o exportador, por meio dos Armazéns Gerais, mediante pagamento de uma taxa.

Os portos têm papel importante na comercialização do café, porque funcionam como centro de reunião e distribuição da produção cafeeira. O porto de café mais importante do Brasil foi — e ainda é — o Porto de Santos, reformado e reaparelhado em 1927 para esse fim. Merecem destaque também os portos de Vitória (no Espírito Santo), o de Paranaguá (no Paraná) e o do Rio de Janeiro.

Além dos portos à beira-mar, existem hoje os chamados "portos secos", das cidades interioranas, que recolhem e comercializam a produção. Um exemplo é Varginha, em Minas Gerais.

Hoje, as cooperativas são o grande centro de comercialização do café. Elas não apenas recebem a produção e procedem a sua comercialização, como também liberam empréstimos e oferecem assistência técnica ao produtor.

O Porto de Santos por volta de 1910. Principal ponto de escoamento do café, foi reformado em 1927.

Armazenamento do café em porto seco.

OS CAMINHOS DO CAFÉ

Derrubada da mata

Plantio

Trato do cafezal

Colheita

Beneficiamento

Transporte

Comercialização

© Glauco Diógenes

O gosto do cafezinho depende de fatores que vão desde o tipo de café e qualidade da terra em que é plantado até a forma de colheita, secagem e beneficiamento dos grãos.

O bom café deve ser plantado em solos não alagadiços e precisa de muito sol. As cerejas não devem ser derriçadas, mas sim colhidas uma a uma e depois secadas ao sol; o café em coco precisa estar livre de impurezas.

Uma vez beneficiado o café, isto é, após o processo de despolpamento, seus grãos são classificados, levando-se em conta o tamanho e a perfeição. Grãos menores ou quebrados têm classificação mais baixa e, portanto, menor valor na exportação.

No porto, ou nas cooperativas, procede-se a uma nova classificação: os grãos maiores, mais perfeitos e sem manchas são separados como café tipo exportação, que serve tanto ao mercado externo como ao interno.

A torra dos grãos também interfere na qualidade da bebida. Os brasileiros apreciam o café bem torrado (o café preto); já os norte-americanos o preferem com "meia torra", isto é, menos torrado. A torra, que já foi um processo caseiro, agora é feita pelas torrefadoras, geralmente empresas particulares que compram o café em grão das cooperativas. Eventualmente as torrefadoras também moem e empacotam o café para a comercialização. Assim é o café dos supermercados. Em São Paulo, quando esse processamento era caseiro, os grãos eram torrados em panela de ferro ou em tacho de cobre, junto com açúcar mascavo, e depois moídos em pilão. Hoje, quase ninguém mais torra ou mói café em casa.

O café, como bebida, pode ser classificado em três categorias, de acordo com o sabor: café *Duro Rio*, que é ruim, amargo, com gosto de remédio; café *Médio* ou *Riado*; e café *Mole*, extrafino, considerado tipo exportação.

Classificar o café, segundo seu paladar e aroma, é trabalho dos provadores.

© Benjamin Lowy/Getty Images

4. O café pede passagem

O cafezal é a soldadesca verde
Que salta morros na distância iluminada,
Um! dois! um! dois! — de batalhão
em batalhão,
Na sua arremetida acelerada
Contra o sertão.

Cassiano Ricardo, *Soldados verdes*.

CHAMA-SE *MARCHA DO CAFÉ* O FENÔMENO da expansão territorial contínua da cafeicultura do estado de São Paulo. Ela teve início no Vale do Paraíba por volta de 1830, período em que a cafeicultura estava mais ligada ao porto e aos negócios da Corte do Rio de Janeiro. Depois, passou pela região central do estado (em 1870), em direção ao oeste, alcançando também, na virada do século, o norte do Paraná (região economicamente ligada a São Paulo).

Assim, em quase um século, o estado de São Paulo tornou-se um grande cafezal. Valia a pena plantar, colher e comercializar café: fazendas se expandiram ou se fundiram; buscaram-se terras virgens; o dinheiro corria solto e com ele vieram o luxo das casas, das roupas, da mobília, e o poder político dos cafeicultores.

A busca de novas terras para o café pode ser analisada de vários pontos de vista.

Do ponto de vista ecológico, a ocupação de novas terras foi desastrosa, pois implicou a derrubada da Mata Atlântica, com queimadas na preparação da terra para o plantio. O escritor Afonso Schmidt, no romance *A marcha*, assim descreve a derrubada da mata: "O trabalho foi duro. Os machados cantaram de sol a sol nos troncos das perobeiras; ao escurecer, ouvia-se o grito de alerta e, logo depois, a árvore pendia para o lado, desabava com estrondo, alarmando o silêncio da floresta. Centenas e centenas de troncudos jacarandás tiveram o mesmo fim. Para trás, em pé, só ficou um pau-d'alho, como padrão de terra boa. (...)"

Tais práticas provocaram mudanças no ecossistema, causando um grande número de doenças que podem ser associadas à cafeicultura, como a úlcera de Bauru, o tracoma e a doença de Chagas.

© Fundação Biblioteca Nacional, Rio de Janeiro

Derrubada da mata para plantio de café. (Johann Moritz Rugendas *in Viagem pitoresca através do Brasil*.)

A marcha para o oeste definiu uma cafeicultura mais paulista que a do Vale do Paraíba: o capital e os cafeicultores eram paulistas, e os centros econômicos e políticos do café passaram a ser as cidades de Campinas, São Paulo e Santos (que se tornou o principal porto exportador, superando o do Rio de Janeiro).

Do ponto de vista político e social, a marcha do café deve ser vista como um problema de posse da terra. As fazendas de café expulsaram o índio e o pessoal de roça sem títulos e propriedades. Esses títulos foram adquiridos pelos fazendeiros e mantidos por meio de herança e de casamentos. Assim, com grande poder político e econômico, consolidou-se um grupo social que, num primeiro momento, foi a aristocracia do café, ligada à monarquia. Depois da Proclamação da República, formou-se uma oligarquia composta de fazendeiros de café paulis-

© Martin Munkacsi/Ullstein Bild/Glow Images

A força da mão de obra negra fez a riqueza do café.

tas. Já no século XX, depois da Segunda Guerra Mundial, o cafeicultor se tornou o *businessman* (homem de negócios), cada vez menos preso à terra.

Em sua marcha constante, o café atravessou períodos muito distintos na História do Brasil: o Império (1822-1889) e a República (de 1889 até os dias atuais). Em cada um deles, caracterizou-se o uso de um tipo de mão de obra. A princípio usou-se o escravo negro. De meados do século XIX até 1888, com a Abolição da Escravatura, foi introduzido o trabalho livre do imigrante europeu, principalmente o italiano, quer no regime de *parceria*, quer no sistema de *colonato*.

O distanciamento dos cafezais, cultivados cada vez mais para o interior, significou progresso visível no aumento da produção e na abertura, por todo o estado, de estradas de ferro, que chegavam até os portos, atravessando São Paulo, a capital, que passou a crescer e a enriquecer depressa.

Esse progresso, no entanto, não deve ser compreendido apenas como constante sucesso. A história do café também foi marcada por fracassos: ruína de proprietários; abandono de terras devido ao esgotamento do solo, às geadas e às pragas nos cafeeiros; crises provocadas pela queda dos preços do café no mercado internacional (geralmente ocasionada pela superprodução); crises político-econômicas mundiais, como durante as guerras mundiais (a Primeira, de 1914 a 1918, e a Segunda, de 1939 a 1945); e a quebra da Bolsa de Nova York (1929).

Podemos destacar, nessa marcha do café, três períodos, que serão analisados, nos próximos capítulos, com base na fazenda típica de cada um deles: as fazendas do Rio de Janeiro; do Vale do Paraíba e do Oeste Paulista, e a das frentes pioneiras.

5. A fazenda de café do Rio de Janeiro

EM FINS DO SÉCULO XVIII, O CAFÉ TEM suas primeiras mudas plantadas na cidade do Rio de Janeiro, adaptando-se perfeitamente às encostas das montanhas. Florestas foram derrubadas para seu plantio; na atual floresta da Tijuca, existiam muitas fazendas de café. Em 1800, já produzia 55 mil arrobas.

Milhares de escravos ocupavam-se do plantio, do beneficiamento e transporte do café para os portos do Rio de Janeiro, Parati, Angra dos Reis e Mangaratiba.

No final do século XVIII, os cafeeiros avançaram pelas terras férteis do Vale do Paraíba e foi ali que surgiram os grandes produtores de café do Brasil Imperial.

O interesse do governo fica evidente quando D. João VI, em 1817, convoca diversos proprietários de terra para um encontro. Tratava-se de um grupo composto de burocratas, grandes comerciantes e proprietários da região. Nessa oportunidade, o monarca distribuiu entre eles sementes de café, trazidas de Moçambique, para que propagassem sua cultura.

A cafeicultura começou a se desenvolver no Rio de Janeiro também por influência de recém-chegados à capital do Brasil, como Louis François Lecesne, grande cafeicultor, que deixara Cuba por razões políticas e trouxe consigo muita experiência no plantio da rubiácea.

Cafeeiros no morro da Tijuca, Rio de Janeiro. (Gravura de Rugendas, começo do século XIX.)

O café chegou à região do Vale Fluminense nas cargas das tropas de burro que transportavam, sobretudo, o ouro para o porto do Rio de Janeiro.

O fazendeiro de café do Rio de Janeiro era um homem da Corte, que viajava regularmente para a Europa, passava o verão em Petrópolis. Era um homem de prestígio, que abria sua casa na cidade para bailes e saraus.

Fazenda Guaritá, às margens do Rio Paraíba do Sul no distrito de Sebastião de Lacerda, em Vassouras, Rio de Janeiro.

6. A fazenda do Vale do Paraíba

O VALE DO PARAÍBA, ENTRE A SERRA DO MAR e a da Mantiqueira, é uma região montanhosa que compreende os estados do Rio de Janeiro, Minas Gerais e São Paulo. Aí se deu o primeiro surto de expansão das fazendas de café a partir de 1830.

© César Diniz/Pulsar Imagens

Mar de morros. Serra Quebra Cangalha em Lorena, São Paulo. Onde havia mata, surgiu o cafezal; onde houve o cafezal, surgiu o pasto.

O café foi plantado nos morros — já que os vales eram impróprios ou já estavam ocupados por outras lavouras —, mas sem se atentar para a necessidade do plantio em curva de nível, técnica ainda não conhecida na época.

O plantio de café em curvas de nível evita a erosão do solo com as chuvas. Essa técnica era desconhecida no século XIX.

Os primeiros fazendeiros da região foram comerciantes, tropeiros ou mineradores do Rio de Janeiro e de Minas Gerais, que, dispondo de dinheiro, investiram na formação de cafezais. As terras, que pertenciam ao rei, eram doadas ou compradas. Para o trato dos pés de café e para a colheita, bem como para os demais serviços, necessitavam de muitos trabalhadores. Utilizaram então, nesse primeiro momento de expansão, os escravos vindos principalmente das zonas de mineração e alguns trabalhadores livres, mateiros, tropeiros…

A fazenda de café que se formou na região se caracterizava pelo luxo e pela grandiosidade, demonstrando o poder dos chamados *barões do café*, homens de posses e grande poder político.

No centro da propriedade ficava o terreiro, um grande quadrado pavimentado, em torno do qual se distribuíam as demais construções, de acordo com a importância e a necessidade.

© Arquivo de Vera Vilhena de Toledo

Gomes de Morais e esposa, em foto de 1878. Típicos representantes da elite cafeeira do Vale do Paraíba no final do século XIX.

A casa-grande, em posição de maior destaque em relação às demais constru-ções, era um sobrado construído de taipa de pilão, com divisórias de pau a pique. Tinha numerosas janelas, sala de jantar com imensas mesas de jacarandá, quartos

© Granger Collection/Other Images

Uma fazenda do início do século XX em plena atividade. O café no terreiro, as tulhas e moradas dos trabalhadores.

de todos os feitios, alguns até escuros, sem janelas, as chamadas *alcovas*. A cozinha, muito grande e com chão de terra batida, possuía no centro um fogão a lenha. Não havia banheiros; os seus moradores usavam bacias para o banho e urinóis.

Ao lado da casa havia a capela, frequentada pelos senhores e pelos escravos; havia também o pomar, o jardim, a horta e os locais destinados à criação de animais domésticos; ainda em torno do terreiro, ficavam as construções ligadas ao trabalho: a senzala (casa dos escravos), a casa do administrador, a marcenaria, a carpintaria e a ferraria. Esse conjunto de casarões austeros e muralhas de pedra ao redor de um quadrado desnudo tinha um aspecto triste, lembrando mais uma fortificação que um estabelecimento agrícola. Daí a denominação de *fortaleza* dada a muitas fazendas.

Tudo isso era necessário porque a fazenda era quase um mundo isolado, onde viviam de 250 a mil pessoas. Isso não quer dizer que o fazendeiro vivesse com sua família o tempo todo na fazenda. Pelo contrário, ele possuía casa na cidade mais próxima (alguns até na Corte, na cidade do Rio de Janeiro), de onde controlava os negócios e a política.

Na fazenda, o fazendeiro de café impunha respeito, por sua postura aristocrática, mesmo que se vestisse como um roceiro. Todos da família lhe pediam a bênção. Comandava seus domínios do alto do cavalo, que usava para percorrer os cafezais.

© Arquivo Nacional, Rio de Janeiro

O brasão da Casa Imperial do Brasil, com o ramo de café à esquerda e o de tabaco à direita, refletia as elites agrárias que davam sustentação à monarquia.

Durante o Brasil Império (1822-1889), os barões do café sempre exerceram cargos políticos, uma vez que as pessoas de maior renda é que votavam e eram votadas. Por isso a necessidade da casa na cidade. Eram sobrados luxuosos. No pavimento térreo, de pé-direito alto, eram guardados os animais, as carroças e as carruagens; provavelmente servia também de habitação aos escravos domésticos. No andar superior, ficava a residência propriamente dita, com belíssimos balcões trabalhados em ferro batido. A prata e a porcelana utilizadas nos utensílios domésticos, as sedas das cortinas, o cristal dos lustres, o mogno dos móveis, o ouro e brilhantes das joias e enfeites pessoais traduziam todo o luxo e o requinte desfrutados por esses barões. O sobrado na cidade era ocupado pelo proprietário nas entressafras e por ocasião de festas e reuniões políticas. A fachada era imponente, com gradis de ferro e janelas com vidraças.

© Fábio Colombini

Casa em estilo colonial urbano, no município de Bananal, no Vale do Paraíba.

O trabalho de plantio, colheita, beneficiamento e transporte do café até o porto era feito por escravos. Se pudéssemos ver as coisas do ponto de vista do grão de café, a narrativa desse processo todo seria mais ou menos assim:

"Tio Tomás me colheu. O capataz me viu com indignação cair fora do balaio, e, considerando inepto ao velho escravo, açoitou-o e deu-lhe dois pontapés no traseiro. Chovia. Depois o sol me secou. Durante dois dias um rodo estúpido me amassou como se quisesse quebrar-me a casca cada vez que me passava por cima. Finalmente, achando que eu estava suficientemente seco, passaram-me pela peneira. Daí me levaram para o monjolo. Fui arremessado ao ventilador donde saí pronto para ser ensacado. Da fazenda para o intermediário na estação e, dali, para o Rio."

Nuno Álvares, *Memórias de um grão de café.*

O café era transportado em lombo de burro (em tropas) até o porto do Rio de Janeiro. Só em 1875, com a Estrada de Ferro Central do Brasil (cujo primeiro trecho, inaugurado em 1858, chamava-se Estrada de Ferro D. Pedro II), ligando

© Museus Castro Maya/Div. Iconografia, Rio de Janeiro

Trabalho escravo no Porto do Rio de Janeiro, registrado por Debret no século XIX. Por esse porto escoava todo o café produzido no Vale do Paraíba.

o Rio de Janeiro a São Paulo, é que o transporte tornou-se mais fácil e rápido; as tropas de burros e os carros de boi, entretanto, continuaram a ser usados, pois eram indispensáveis para levar o produto até a estação do trem.

De 1840 a 1870, a região do Vale do Paraíba foi a grande responsável pela maior parte da exportação do café brasileiro, que liderava a produção mundial. O dinheiro do café foi responsável por uma balança comercial favorável no Segundo Reinado, patrocinando inclusive a Guerra do Paraguai. O mais surpreendente é que toda essa riqueza advinda do café foi conseguida com técnicas bastante rudimentares, conforme observou o viajante francês Conde de Suzannet, já em 1845. Segundo ele, as plantações eram "mal dirigidas": os pés de café ficavam muito próximos, dificultando o crescimento e a colheita. Também criticava a secagem feita no chão de terra que prejudicava a qualidade do café por causa da umidade. Apesar disso, a exportação de café brasileiro já suplantava a das colônias francesas — Martinica e Guadalupe.

Escravas trabalhando no pilão, descascando o café. (Litografia de Victor Frond, 1858)

© Fundação Biblioteca Nacional, Rio de Janeiro

Apesar da má qualidade do café brasileiro, sua produção se tornou economicamente rentável, devido ao declínio de outros fornecedores para o mercado internacional.

A maioria dos barões do café não gostava de mudanças, e as primeiras máquinas a vapor só foram introduzidas nas fazendas do Vale do Paraíba no fim do século XIX.

Por volta de 1870, a produção das fazendas do Vale começou a entrar em declínio, devido ao esgotamento do solo; além disso, a partir de 1850, com a proibição do tráfico de escravos e as pressões contra a escravidão, a mão de obra diminuiu drasticamente.

A Abolição da Escravatura, em 1888, e a Proclamação da República, no ano seguinte, representaram a decadência do poder dos barões do café. Muitos deles ficaram arruinados, outros se mudaram para o Oeste Paulista a fim de investir em novas terras. As fazendas do Vale foram abandonadas, e as cidades que gravitavam em torno do café ficaram cobertas de poeira: Bananal, Areias, Silveiras e São José do Barreiro. Monteiro Lobato, em seu livro *Cidades mortas*, descreve essas cidades do Vale do Paraíba, abandonadas depois que o café entrou em declínio na região:

> "A quem em nossa terra percorre tais e tais zonas, vivas outrora, hoje mortas, ou em vias disso, (…) uma verdade ressurge de tantas ruínas, nosso progresso é nômade e sujeito a paralisias súbitas. (…) Progresso de cigano, vive acampado. Emigra, deixando atrás de si um rastrilho de taperas. (…)
>
> Pelas ruas ermas, onde o transeunte é raro, não matracoleja sequer uma carroça; de há muito, em matéria de rodas, se voltou aos rodízios desse rechinante símbolo do viver colonial — o carro de bois.
>
> (…) Pelos salões vazios, cujos frisos dourados se recobrem da pátina dos anos e cujo estuque, lagarteado de fendas, esboroa à força de goteiras, paira um bafio de morte. (…)
>
> São palácios mortos da cidade morta."

Monteiro Lobato, *Cidades mortas* (1919).

© Fábio Colombini

Casa-sede da Fazenda Resgate, antiga produtora de café da região de Bananal, no Vale do Paraíba.

© Vera Vilhena de Toledo

O que restou da Fazenda Santana, na cidade de Areias, no Vale do Paraíba. Com a decadência do café, muitas fazendas foram abandonadas; do passado glorioso só ficaram as ruínas. Foto da década de 1980.

7. A fazenda do Velho Oeste Paulista

O OESTE PAULISTA COMPREENDE GRANDE parte do Planalto Meridional Brasileiro, região mais plana que o Vale do Paraíba, com manchas de terra roxa e clima tropical, próprios para o plantio do café.

A marcha para o interior do estado, em busca de terras virgens, teve dois momentos, que correspondem às seguintes regiões: *Velho Oeste* e *Novo Oeste*.

O avanço das frentes pioneiras para o oeste está intimamente ligado às ferrovias; ora elas seguiam o café, como foi o caso do Velho Oeste, ora abriam caminho e as fazendas vinham depois, como no Novo Oeste.

O Velho Oeste compreende a região de Campinas, Jundiaí, Piracicaba, Mogi Mirim, São Carlos, Rio Claro e Ribeirão Preto; é servido pelas ferrovias Paulista e Mogiana.

Na região próxima a Campinas, em direção a Ribeirão Preto, surgiu uma plantação tímida por iniciativa de alguns fazendeiros mineiros.

Como a demanda internacional crescia, em meados do século XIX, em decorrência do aumento do poder aquisitivo da população europeia, era preciso expandir as plantações, entrar na mata; mas havia muitas dificuldades: as doenças, como a úlcera de Bauru, pelo desequilíbrio ambiental, consequência da derrubada da mata e das queimadas; a distância que separava a região do porto mais próximo — Santos; e a Serra do Mar, obstáculo que, vencido em lombo de burro, tornava o transporte penoso e caro. Somente em 1867, após a construção da Estrada de Ferro

A ferrovia a serviço do café (Estrada de Ferro Santos-Jundiaí, 1895).

Santos-Jundiaí, com investimento inglês e a participação acionária dos cafeicultores paulistas, os cafezais puderam se expandir. Foi difícil o começo dessa empreitada, quando os paulistas assumiram a cafeicultura, como autênticos bandeirantes.

Além de todas essas dificuldades, os pioneiros paulistas do Velho Oeste tiveram de enfrentar os índios, em particular os caingangues, que eram os donos da terra. A instalação da fazenda de café na região significou a morte dos índios e a posterior derrubada da mata.

A cultura de café no Velho Oeste se desenvolveu de modo parecido à do Vale do Paraíba. Só que, com a proibição do tráfico de escravos, a partir de 1850, os fazendeiros paulistas, de visão mais ampla do que a dos barões do café do Vale, não se apegaram à Monarquia nem à mão de obra escrava. Por essa razão, proclamada a República e abolida a escravatura, esses fazendeiros não sofreram grandes perdas e passaram a fazer parte da classe com poder de decisão política.

Os fazendeiros paulistas, movidos pela necessidade de mão de obra, já que o escravo escasseava, financiaram a vinda de imigrantes europeus de vários países, que chegavam a São Paulo para trabalhar nos cafezais como trabalhadores livres contratados. Inicialmente, até a extinção definitiva da escravidão, esses imigrantes foram submetidos aos mesmos rigores de vida e de trabalho a que eram obrigados os escravos, o que evidentemente gerou problemas.

De acordo com o contrato de trabalho, que era *a parceria,* o fazendeiro financiava a vinda do imigrante e de sua família, pagando-lhe a viagem, o transporte do Porto de Santos até a fazenda, as ferramentas e os primeiros gêneros alimentícios para sua subsistência. Mas, depois, tudo isso era cobrado, e o parceiro ainda tinha de dividir com o fazendeiro tudo o que colhia. O pagamento era feito à época da comercialização do café, quando o parceiro deveria receber do fazendeiro um valor correspondente à metade do café que colhera. Dessa quantia, porém, eram subtraídos os gastos com a passagem e as demais dívidas. Muitos colonos sentiam-se injustiçados com essa forma de pagamento, e, alegando má-fé do fazendeiro, abandonavam a fazenda, dirigindo-se a outras ou indo para as cidades, sobretudo a cidade de São Paulo. Alguns retornavam à Europa e lá testemunhavam contra as desvantagens da imigração para o Brasil.

O fazendeiro paulista foi um negociante hábil: investiu na construção de ferrovias, que facilitavam o escoamento da produção; participou, em 1889, da criação do Instituto Agronômico de Campinas, que tinha entre seus objetivos a assistência à cafeicultura; e, sendo homem de visão política, percebeu que, com a Proclamação da República, poderia agilizar seus negócios, já que o governo imperial não atendia a suas necessidades de empréstimos e investimentos. Quando o dinheiro começou a "correr solto", ele soube evitar seu desperdício, controlando os casamentos dos herdeiros. Assim se formou a forte *oligarquia do café,* um pequeno grupo que, mesmo sem os títulos de nobreza, como os dos barões do café, controlou a política nas primeiras décadas da República.

Essa adesão aos ideais republicanos se concretizou na criação do Partido Republicano Paulista, que propunha, entre outras coisas, a autonomia dos estados, em oposição ao centralismo monárquico. Tal militância partidária foi movida principalmente pelos interesses econômicos dos cafeicultores paulistas, a quem interessava a autonomia de poder do estado de São Paulo, bem como uma política econômica voltada para o café.

A maneira como os paulistas conseguiram o domínio político (aliados a Minas Gerais) ficou conhecida como a *política do café com leite;* ou seja, presidentes paulistas e mineiros se alternavam no poder, garantindo os privilégios para a cafeicultura, evitando riscos em suas propriedades e em seus interesses. Esse domínio paulista só acabou com a Revolução de 1930.

© Acervo Iconographia

A família Prado era um dos clãs representantes da oligarquia cafeeira do Oeste Paulista, composta de fazendeiros e homens de negócios.

© Acervo Memorial do Imigrante, São Paulo

Migrantes, na Hospedaria do Imigrante, preparados para embarcar para o interior de São Paulo. (Foto de 1940.)

O texto a seguir retrata a fazenda do Velho Oeste:

"A residência do senhor, sólida e majestosa, cercada por altas palmeiras decorativas, domina as demais construções, que se dispõem abaixo dela nos flancos de uma elevação. Aí se encontram os terreiros de café, escalonados como degraus, com muretas de pedras, e também as cabanas de escravos, dispostas em um quadrilátero, em torno de um pátio que é cuidadosamente fechado à noite. Enfim, junto a um ribeirão, estão as paredes altas do recinto que abriga as despolpadoras e outras construções ligadas às atividades da fazenda, como as cocheiras, o estábulo, abrigos para carroças, moenda de cana, etc. O velho fazendeiro era quem dirigia o trabalho dos escravos. Quando começaram a chegar os primeiros colonos livres, foram construídas apressadamente longas fileiras de casas de tijolos, por vezes de pau a pique, verdadeiras casernas colocadas à vista da mansão senhorial, de onde os colonos eram vigiados facilmente."

Pierre Monbeig, *Pioneiros e fazendeiros de São Paulo* (1984).

© Acervo Memorial do Imigrante, São Paulo

A residência do fazendeiro ao fundo: sólida e majestosa, cercada por altas palmeiras. As casas dos colonos substituíram as senzalas. (Fazenda Ibicaba, Limeira, São Paulo, 1915.)

8. A fazenda do Novo Oeste Paulista

A CAFEICULTURA NO VELHO OESTE CRIOU RAÍZES e serviu de incentivo para a formação de novas frentes pioneiras mais para o interior do estado — o Novo Oeste.

O Novo Oeste é constituído pela região que inclui as cidades de Lins, Bauru, Araçatuba, São José do Rio Preto, Botucatu, Assis e Presidente Prudente; é servido pelas ferrovias Sorocabana e Noroeste.

Algumas fazendas prosperaram, outras entraram em declínio e outras, ainda, cederam lugar, alguns anos mais tarde, a novas culturas, como a da cana-de--açúcar. De qualquer modo, a região se povoou, desenvolveu-se, e muitas de suas cidades se tornaram grandes centros urbanos.

A partir de São Paulo e Campinas, centros propulsores dos negócios com o café, começaram novos empreendimentos para o Novo Oeste, facilitados pelo alastramento das ferrovias.

A Paulista, inaugurada em 1868, chegava a Campinas em 1872, seguindo depois pela região centro-oriental do estado; a Mogiana, em 1872, partia de Campinas em direção a Ribeirão Preto; a Sorocabana, também nesse mesmo ano, atingia o sul do estado e a região do Vale do Paranapanema; e, por fim, a Noroeste, inaugurada em 1927, partia de Bauru e chegava ao extremo oeste do estado.

C Acervo Memorial do Imigrante. São Paulo

A ferrovia levava e trazia os imigrantes.

Como o interior do estado de São Paulo era praticamente desabitado, e não podendo contar com a mão de obra escrava, em declínio, os cafeicultores paulistas do Novo Oeste decidiram influenciar o governo para patrocinar a imigração italiana. Era uma nova tentativa, agora em outras bases.

A partir de 1870, sob o comando de alguns cafeicultores, foi montada pelo governo uma estrutura de propaganda, arregimentação e subvenção do transporte dos camponeses italianos, que se sentiram atraídos pela possibilidade de uma vida melhor do que aquela que levavam em seu país de origem, que passava por sérias dificuldades.

E foi assim que chegaram a São Paulo 900 mil imigrantes europeus, desembarcando no Porto de Santos. De trem, vinham até São Paulo, onde ficavam instalados na Hospedaria do Imigrante até serem encaminhados para as fazendas. Para quem vinha cheio de sonhos, como enriquecer e retornar ao país de origem, ou comprar terra e nela trabalhar, a realidade foi frustrante. Muitos voltaram, outros mudavam o local de trabalho na esperança de vida melhor. Apenas alguns raros imigrantes enriqueceram e se tornaram fazendeiros.

© Acervo Memorial do Imigrante, São Paulo

Hospedaria do Imigrante, em São Paulo, no bairro do Brás, construída em 1886 pelo Visconde de Parnaíba. (c. 1900.)

O contrato com os colonos estabelecia que o trabalhador e sua família se incumbiriam do trato de um determinado número de pés de café (geralmente mil pés), recebendo, por isso, um pagamento fixo, além de uma parte variável sobre a colheita, na qual seria utilizada a força de trabalho das mulheres e das crianças. Seria permitido ao colono cultivar milho, feijão e outros vegetais entre os pés de café. Essa cultura intercalar oferecia vantagem para o colono, pois, além de prover sua própria alimentação, ele poderia vender o excedente da produção. Tal prática foi estimulada pelo fazendeiro, já que assim ele não gastaria quase nada com a manutenção da mão de obra. Esse sistema de trabalho constituía o *colonato,* que durou até 1960 e se caracterizou por não ser ainda um trabalho assalariado, pelo qual um trabalhador vende sua força de trabalho individual em troca de um pagamento, em dinheiro, que lhe garanta a subsistência. No sistema de colonato, a subsistência do trabalhador não vem desse pagamento em dinheiro, mas da cultura intercalar, feita pela família.

No início do século XX chegaram à fazenda de café os novos trabalhadores: primeiro os japoneses, mais tarde os migrantes nordestinos. Chegavam de trem,

© Reprodução

Mulheres imigrantes na fazenda de café.

carregando trouxas e arrastando os filhos... Vinham da Bahia, de Pernambuco, do Ceará, e de muito mais longe, atraídos pela fama lendária da região pioneira paulista.

A vinda de imigrantes foi numerosa e praticamente constante. Isso porque a mão de obra não se fixava por muito tempo numa mesma fazenda. Os colonos eram constantemente atraídos pela remuneração melhor das novas fazendas de café que iam surgindo nas frentes pioneiras. Além disso, era mais vantajoso para o trabalhador praticar a cultura intercalar entre os pés de café ainda novos.

Em meio à diversidade de tipos sociais característicos das fazendas pioneiras do Novo Oeste Paulista — grileiros, posseiros, imigrantes italianos, japoneses, migrantes nordestinos —, uma figura é digna de menção: a do "coronel", que, embora não participando diretamente da empresa cafeicultora, representa a política de uma época dominada pelos cafeicultores. Ele é o chefe político local, constantemente ligado ao centro de decisão da capital do café — São Paulo. A seguir, um pequeno texto que mostra um pouco dessa figura:

"Sem o rigor e o caráter tirânico e caudilhesco dos chefes locais de outras regiões do país, os coronéis do Oeste Paulista assumem um caráter mais paternal, tornando-se não raro um elemento necessário (ou um mal necessário…) dentro da conjuntura social e econômica vivida (…) o coronel do Oeste Paulista é o elemento de ligação entre sua 'zona' e os poderes competentes. É sempre por seu intermédio que a cidade consegue um serviço mais moderno de abastecimento de água, a construção de um hospital ou de uma escola, enfim um melhoramento público de qualquer natureza."

Odilon Nogueira de Matos, *Café e ferrovia* (1974).

O cafeicultor do Novo Oeste era muito parecido com o do Velho Oeste quanto ao seu perfil empreendedor. Alguns traços, porém, são diferentes. Sua ligação cada vez mais distanciada da terra, por exemplo, é um deles. Era um homem de negócios do século XX, habitava tanto a cidade como a fazenda. Sem negligenciar completamente o trato da terra, ele delegava os cuidados da fazenda ao administrador. Desse modo, as relações diretas entre o proprietário e a terra foram se afrouxando.

Essa realidade deu origem ao novo modo de viver na fazenda. A casa do fazendeiro achava-se afastada das construções ligadas à exploração. Conforme a descrição de Pierre Monbeig, em *Pioneiros e fazendeiros de São Paulo*, "luxuosa, destinada à permanência rápida, ela se isolava no meio de um jardim; por vezes, de um parque. Ela se tornou a casa de campo, onde a família ia passar as férias. O administrador residia em uma casa localizada perto das colônias, mas destacada. Esse importante personagem estava instalado ao lado do escritório, pois um 'negócio' do novo gênero possuía seus serviços administrativos, sua contabilidade, suas estatísticas".

A EXPANSÃO CAFEEIRA NO OESTE PAULISTA

Em 1840, o café já era o principal produto de exportação do Brasil e seu cultivo transformou a economia paulista em uma das mais prósperas e dinâmicas do país.

1ª fase — Vale do Paraíba Paulista

O café entrou na província de São Paulo pelo Vale do Paraíba no início do século XIX. A produção caracterizou-se pelo baixo investimento e pelo aproveitamento dos recursos naturais favoráveis, sem preocupação com inovações técnicas. A mão de obra básica era escrava africana. Parte dos escravos foi obtida das áreas da mineração em razão do esgotamento das minas, mas a maioria continuou sendo trazida da África.

Escravos trabalhando em fazenda de café no Vale do Paraíba, século XIX. Instituto Moreira Salles, São Paulo.

A expansão da malha ferroviária no Brasil

Até a construção das primeiras ferrovias no Brasil, o café era transportado em lombos de mulas ou em carros de bois até os portos do Rio de Janeiro e de Santos, de onde seguia para a Europa e os Estados Unidos. A introdução e a ampliação das linhas férreas foram essenciais para dinamizar e expandir a cafeicultura no Brasil.

© COLEÇÃO PARTICULAR, SÃO PAULO

Assentamento de trilhos nas proximidades do município de Ourinhos, no estado de São Paulo, em 1907.

Evolução da malha ferroviária no Brasil - Em mil km

■ Ferrovia no resto do Brasil   ■ Ferrovia em regiões cafeeiras

Os 14,5 quilômetros de ferrovias no país estavam todos em regiões cafeeiras.

6,0 / 11,3

1854 1864 1874 1884 1889 1894 1906

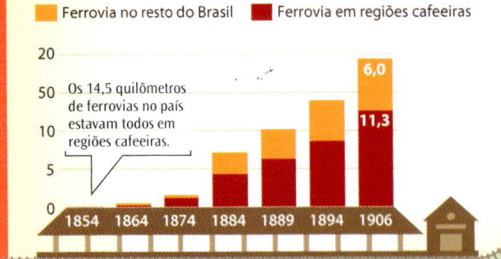

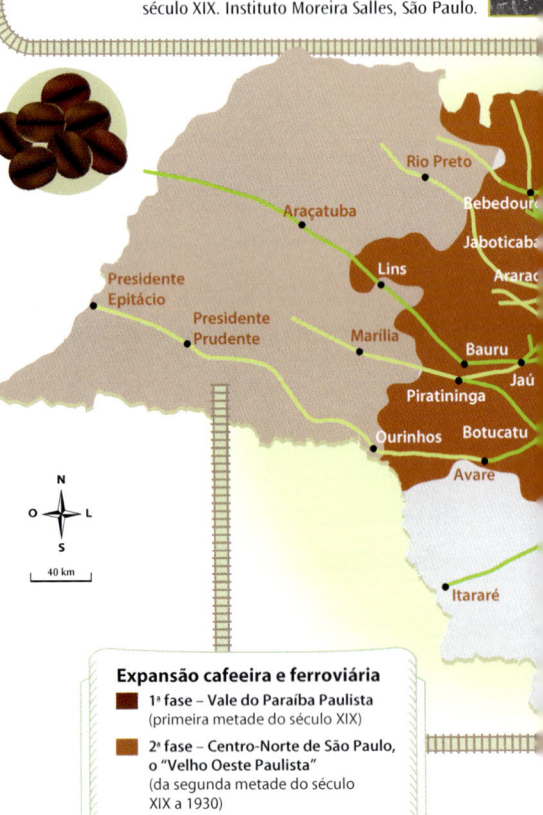

Rio Preto · Bebedouro · Jaboticabal · Araçatuba · Lins · Araraq... · Presidente Epitácio · Presidente Prudente · Marília · Bauru · Jaú · Piratininga · Ourinhos · Botucatu · Avaré · Itararé

N O L S

40 km

Expansão cafeeira e ferroviária

■ 1ª fase – Vale do Paraíba Paulista (primeira metade do século XIX)

■ 2ª fase – Centro-Norte de São Paulo, o "Velho Oeste Paulista" (da segunda metade do século XIX a 1930)

■ 3ª fase – "Novo Oeste Paulista" e frentes pioneiras (século XX)

Ferrovias

— Linhas construídas até 1890
— Linhas construídas entre 1891 e 1910
— Linhas construídas entre 1911 e 1940

Fontes: SILVA, Sérgio. *Expansão cafeeira e origens da indústria no Brasil*. 6. ed. São Paulo: Alfa--Ômega, 1985. p. 58; CARVALHO, Diego Francisco de. Café, ferrovias e crescimento populacional. *Revista Histórica do Arquivo do Estado de São Paulo*, n. 27, nov. 2007; GORODETTI, João Emílio; CORNEJO, Carlos. *Lembranças de São Paulo*. São Paulo: Solaris, 2003. p. 26-27.

© Reprodução – Instituto Moreira Salles, São Paulo

 2ª fase

Centro-Norte de São Paulo, o "Velho Oeste Paulista"

Quando as primeiras terras cultivadas já não produziam como antes, os cafeicultores passaram a investir na região hoje conhecida como o "Velho Oeste Paulista". A partir de 1850, com a proibição do tráfico de escravos, a obtenção de mão de obra escrava ficou cada vez mais cara e difícil. Esse foi um dos principais motivos para o financiamento da vinda de imigrantes europeus para trabalhar nos cafezais. As técnicas utilizadas no cultivo do café ainda eram muito rudimentares. As primeiras máquinas só foram introduzidas nas fazendas no final do século XIX.

Franca

Ribeirão Preto

ão Carlos

Limeira

Barra Mansa

Cruzeiro

acicaba

Amparo

Bananal

Campinas

Bragança   Pindamonhangaba

petininga

Jundiaí

Jacareí

São Paulo

Sorocaba

Santos

© Guilherme Gaensly/Reminiscências/ Acervo Iconographia

Imigrantes italianos trabalhando na colheita de café em Araraquara, no interior de São Paulo, 1902.

 3ª fase

"Novo Oeste Paulista" e frentes pioneiras

© Coleção Apparecido Jannir Salatini

No "Novo Oeste Paulista", os produtores de café não empregaram apenas imigrantes europeus. No início do século XX, os primeiros japoneses chegaram às fazendas. Mais tarde, vieram os migrantes nordestinos, atraídos pelas notícias de oportunidades em terras paulistas. Nessa nova região cafeeira, investiu-se mais no processo de beneficiamento do produto com o uso de máquinas descascadoras e separadoras destinadas à limpeza final dos grãos. Algumas fazendas contavam com pequenas estradas de ferro particulares para transportar o café até uma das diversas companhias ferroviárias, que cuidavam do transporte do produto até o porto de Santos.

Interior de um galpão de beneficiamento de café de uma fazenda no interior de São Paulo, início do século XX.

© ILUSTRAÇÕES: MARIO KANNO

© Daniela Máximo

9. A fazenda das frentes pioneiras

CHAMAMOS DE *FRENTE PIONEIRA* O TERRITÓRIO ainda inexplorado que passa a ser ocupado por novas fazendas de café. Tal fenômeno ocorreu tanto no Novo como no Velho Oeste, em virtude do esgotamento das terras e do envelhecimento dos cafeeiros, o que tornava necessária a busca da fertilidade das terras virgens.

No início da década de 1930, a última frente pioneira do estado de São Paulo chegou até o norte do Paraná, partindo da região de Marília, Assis e Presidente Prudente. Foi uma época difícil: a cafeicultura atravessava uma crise de superprodução e enfrentava a queda do preço do café no mercado internacional em decorrência da quebra da Bolsa de Nova York, em 1929.

A forma encontrada para resolver o problema da superprodução foi a destruição de cafezais velhos, a queima de safras e a proibição de novos plantios. O cafeicultor paulista foi então impelido a diversificar seus negócios com terras e passou a dedicar-se a novas culturas como a do algodão. A abertura de fazendas tornou-se grande negócio para os fazendeiros, que as transformavam em mercadorias, isto é, desenvolviam-nas para depois vendê-las.

A partir da década de 1950, entretanto, novas frentes foram abertas devido à demanda do mercado externo e ao aumento do consumo interno com a urbanização e o crescimento da população.

As fazendas das frentes pioneiras perderam um pouco do seu fausto. (Fazenda Val de Palmas, c. 1915.)

© Acervo Iconographia

Na frente pioneira, o fazendeiro recrutava mão de obra de sua região de origem e procedia à derrubada da mata, geralmente na estação da seca; depois, o terreno era roçado, isto é, eram retirados os cipós e os arbustos; a seguir era feita a queimada ou coivara; e, finalmente, os pés de café eram plantados nas cinzas, entre troncos e tocos. Tal processo era acompanhado por vários agentes: o agrimensor e o tabelião, que cuidavam da parte legal; as empresas de loteamentos, encarregadas da comercialização das propriedades; e também os pioneiros pobres, ex-colonos que vieram a se tornar sitiantes.

Aí se instalava, então, um povoamento precário, constituído por algum comércio, locais públicos e poucas casas, geralmente de madeira; não havia hospital, médicos nem condições higiênicas adequadas.

O marco inicial da prosperidade era a linha férrea, que, trazendo gente, propiciava os negócios; o maquinista do trem, por exemplo, era o "banqueiro" dos pequenos agricultores, uma espécie de intermediário, que negociava, por conta própria, o café a ele confiado.

Uma característica que distinguia as fazendas de café dessa frente pioneira era a diversificação de culturas, isto é, além do café, também plantavam outros produtos (como o algodão, o eucalipto etc.) e criavam gado; outra era seu empenho em evitar o desperdício praticado pelos fazendeiros do Oeste, sendo essa a razão da simplicidade e da praticidade encontradas em suas moradias e seus costumes, conforme mostra o texto a seguir:

"Não há senão pequenos retoques a fazer à descrição da fazenda do começo do século, para conhecer a de 1946...

As residências dos fazendeiros perderam um pouco do seu fausto. Confortáveis e hospitaleiras, hoje elas recebem menos do que antigamente a visita da família toda. Por vezes elas tornaram-se a casa do administrador, que tem sempre prontos um ou dois quartos para uma visita rápida do proprietário. As colônias deixaram de ter, cada vez mais, aspecto triste e monótono. Ao invés de alojarem duas ou três famílias de colonos sob o mesmo teto, prefere-se construir uma casa por família."

Pierre Monbeig, *Pioneiros e fazendeiros de São Paulo (1984).*

10. As marcas do café

© bonga1965/Shutterstock

O CAFÉ OCUPOU PRATICAMENTE TODO O ESTADO de São Paulo; quando uma terra se esgotava e os pés de café começavam a produzir menor quantidade de grãos, abria-se uma nova frente pioneira, entrando na mata virgem. Até as primeiras décadas do século XX, o café foi uma atividade econômica quase exclusiva do estado de São Paulo, responsável por mais do dobro das exportações de outros estados.

PERFIL DA AGRICULTURA PAULISTA

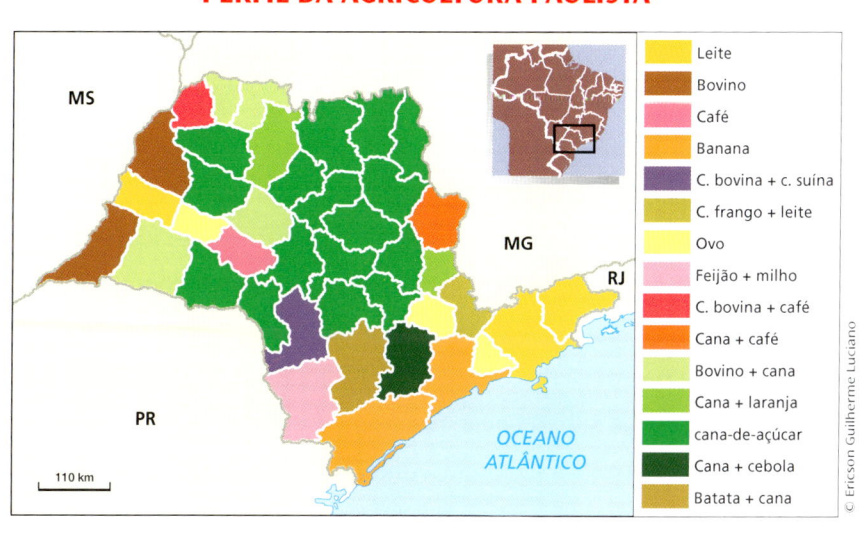

Leite
Bovino
Café
Banana
C. bovina + c. suína
C. frango + leite
Ovo
Feijão + milho
C. bovina + café
Cana + café
Bovino + cana
Cana + laranja
cana-de-açúcar
Cana + cebola
Batata + cana

© Ericson Guilherme Luciano

Em outros estados brasileiros, o café era plantado em pequena escala. Algumas áreas cultivadas podiam ser consideradas extensões das lavouras de São Paulo, que invadiam o sul de Minas Gerais, a região de Juiz de Fora e o norte do Paraná. Mas só em São Paulo o café representou acumulação de capital para a indústria.

Hoje o café já não é uma constante nas paisagens do interior paulista. Está localizado em determinadas regiões, como São Carlos, Jaú, Marília, Bauru, Araçatuba, Andradina, São João da Boa Vista e Franca. Em outras regiões do estado, o café cedeu espaço à cana-de-açúcar, à citricultura, ao algodão, aos produtos hortifrutigranjeiros e ao gado. O aparecimento de outras culturas foi financiado pela economia cafeeira.

O café não acabou, mas os tempos mudaram. O Brasil deixou de ser o único grande exportador de café. A Colômbia ameaça constantemente nossa hegemonia. O café não se destina apenas à exportação, mas também ao mercado interno. A fazenda mudou, assim como o fazendeiro.

Hoje a fazenda de café deixou de ser o local de residência do fazendeiro; é uma empresa tocada por um administrador e sua sede é o escritório. Não tem mais pomar, jardins, horta. Não está aberta a visitas e passeios. O dono é o *businessman*, que tem atividades diversificadas: outras fazendas com outras culturas, ou negócios na cidade. Ele é um homem urbano, que não tem interesse pela terra em si, pelas etapas de produção. O café deixou de ser apenas uma planta ou um grão e passou a fazer parte dos negócios nas Bolsas de Valores. A cafeicultura se modernizou com a introdução de adubos, herbicidas, mecanização na colheita e outros benefícios.

A mão de obra também mudou; já não existem mais colonos. A partir de 1960, quando as leis trabalhistas regulamentaram os direitos do trabalhador rural, os fazendeiros deixaram de ter empregados fixos nas fazendas, desobrigando-se, assim, de cumprir a lei. Surgiram, então, os trabalhadores volantes (os chamados *boias-frias*), que vivem nos centros urbanos, sendo recrutados para trabalhar somente na época de colheita. Nas fazendas de café desapareceram as lavouras intercalares, de subsistência, típicas do colonato. Hoje o café está mais disciplinado, não marcha tanto quanto antes, uma vez que a busca de novas terras se tornou desnecessária diante das novas técnicas de adubação e trato do cafezal. O café passou pelo estado de São Paulo e, embora já desaparecido em certas regiões do estado, deixou suas marcas no solo, como se pode observar nos morros da região cafeicultora mais antiga, o Vale do Paraíba, ou em regiões mais recentes, como o norte do Paraná, onde a cidade de Maringá, nascida sob o império do café, atravessou um período de decadência.

Maringá foi uma cidade que, como qualquer outra do norte, noroeste do Paraná, nasceu sob o império do chamado ouro verde. Cultivar café ali era sinônimo de riqueza, mas esse tempo já passou. Contudo, um grande número de pequenos municípios não conseguiu sair da imensa vala em que foram lançados com a decadência do café, durante a década de 1960 e, posteriormente, em 1975, com a mais violenta geada do século XX. Os extensos cafezais, que impulsionavam o comércio e concentravam grande contingente de mão de obra, tornaram-se, em poucas horas, um amontoado de cinzas, para desalento da maior parte dos pequenos sitiantes e fazendeiros...

Na década de 1970, o estado de Minas Gerais destacou-se na produção de café, com Paraná e São Paulo reduzindo suas participações. Em contrapartida, Espírito Santo, Bahia e Rondônia começaram a ter sua produção incrementada.

Nos anos de 1980, houve um avanço da cafeicultura brasileira, com o plantio no Cerrado, que até então era considerado inadequado ao café. O uso de tecnologia no plantio, na colheita e no beneficiamento permitiu um aumento de produtividade.

Criado para pesquisar o café, em 1887, o Instituto Agronômico de Campinas tem sido o grande responsável pelas contribuições científicas e tecnológicas que trazem maior produtividade aos cafezais, diversificando as espécies, tornando-as mais resistentes e adaptadas a novos meios.

As três principais dificuldades que os cafeicultores enfrentaram na década de 1990 foram os preços baixos, as geadas de 1994 e os custos elevados da produção. Além disso, o Acordo do Instituto do Café, assinado em 1959, que regulava a oferta dos preços do café, foi "quebrado" em 1989, abrindo espaço para a livre concorrência. Por isso, os preços despencaram de tal modo que, em 1992, ocorreu o menor preço histórico do café.

11. Café Brasil

EM MENOS DE UM SÉCULO, O CAFÉ, BEBIDA que não era hábito brasileiro nem português, passou a ser largamente consumido, e hoje é presença constante em nosso cotidiano. Um cafezinho significa início do dia, conversa com amigos, pausa no trabalho e muito mais. É preciso, pois, analisar como o produto ganhou o mercado interno, ou melhor, como se criou tal mercado.

Café de coador e café expresso — um hábito nacional.

© Philoen/Shutterstock

© Africa Studio/Shutterstock

Cena do Rio de Janeiro antigo pintada por Jean-Baptiste Debret: escravas entregando café nas casas (aquarela sobre papel, 15,4 x 19,6cm, 1826).

© Museus Castro Maya/Div. Iconografia, Rio de Janeiro

Antes do cultivo do café no Brasil, os escravos tomavam água de rapadura pela manhã. Só depois do cultivo no Rio de Janeiro e no Vale do Paraíba é que os trabalhadores das fazendas passaram a tomar café, como estimulante, antes de sair para o trabalho. O café também foi usado como estimulante do parto, ou da menstruação na puberdade, como diurético, febrífugo e desinfetante; hoje, é usado ainda como "santo remédio" contra a embriaguez.

É imagem típica do interior o bule de café constantemente sobre o fogão a lenha; faz parte da memória o café no cotidiano: "café pra visita", "pra boca de pito"...

Nas cidades, no começo do século XX, as pessoas recebiam em casa o café torrado e moído, que era entregue por carroças puxadas a burro. O café, então, já fazia parte da alimentação do brasileiro, fosse puro ou com leite pela manhã, fosse puro após as refeições — principalmente o jantar, quando se passava para outra sala a fim de saborear o café, o licor, e fumar charutos. Isso acontecia na casa das pessoas mais abastadas, mas o café sempre esteve presente também no dia a dia do pobre, pois não poder oferecer um cafezinho para um amigo, ou um parente, é considerado sinônimo de pobreza extrema.

O hábito de tomar café trouxe consigo novas formas de fazer, apresentar e saborear essa bebida.

No Rio de Janeiro, no início da República, os cafés públicos, ou cafeterias, do Largo do Machado e da Rua do Ouvidor eram lugares para se estar à vontade e conversar sem pressa. Por ali passavam homens de negócios, políticos, estudantes, artistas, banqueiros, bancários, esportistas, funcionários públicos e do comércio. Esses cafés funcionavam dia e noite. Não havia ainda o "café expresso", tomado em pé e rapidamente pelos transeuntes.

Em São Paulo, na década de 1920, havia muitos cafés nas ruas ao redor do Largo do Café. Os negociantes de café ali compareciam com suas amostras (latinhas com grãos do produto). São Carlos e Ribeirão Preto também tinham suas cafeterias, como a tradicional Soberana, onde Getúlio Vargas fazia questão de tomar café.

No Rio Grande do Sul, onde a tradição é o mate, surgiram muitos cafés, como o Aquário, em Pelotas, e o Centenário, o Coliseu e o Chave de Ouro, em

Porto Alegre. Isso não significa, porém, que o mate tenha sido substituído pelo café. O mate representa a tradição familiar — para ser tomado em casa e sem pressa. Já o café é uma bebida pública, de consumo mais rápido.

© Acervo Iconographia

No Rio de Janeiro do começo do século XX, os cafés eram ambientes elegantes e requintados, ponto de encontro de gente importante.

Antigamente o café era distribuído pelas torrefadoras, que compravam e torravam os grãos, revendendo-os às vendas, tendas e cafés, onde eram moídos na hora. Hoje o café passou a ser torrado, moído e embalado na própria torrefadora. O aumento do consumo se reflete na variedade de marcas existentes. A propaganda constante e intensa estimula o consumidor, convencendo-o das qualidades de determinadas marcas e, com frequência, da qualidade do café como superior a outras bebidas como mate, refrigerante, refresco, chocolate ou chá.

Apesar de o Brasil ser o segundo consumidor de café no mundo, o consumo da bebida é relativamente baixo, talvez devido ao fato de ela não ter conquistado ainda o público jovem. Há os que acreditam que a causa disso seja o fato de a juventude rejeitar os hábitos dos pais, que não vivem sem um cafezinho...

O consumo interno do café aumentou com a introdução desse produto na cesta básica do brasileiro a partir da década de 1980.

O hábito de tomar café se disseminou não apenas nos locais públicos, mas também nas residências, de norte a sul do país, na zona rural e na zona urbana. O café é apresentado como bebida para todas as horas, para ricos e pobres. É a marca registrada da hospitalidade brasileira.

© Beto Chagas/Shutterstock

Café presente na mesa do brasileiro desde a manhã, marcando o início de um novo dia.

12. Os negócios do café

PARA CHEGAR A SER UMA BEBIDA DE PREFERÊNCIA praticamente abso-
luta no mundo todo (ou pelo menos entre europeus e norte-americanos), o café
teve de vencer o chá, o mate e o chocolate, seus concorrentes mais próximos.

No século XIX, alguns países europeus criaram a divisão internacional do
trabalho, segundo a qual caberia a alguns países ricos da Europa a fabricação e
a distribuição de produtos industrializados; outros (mais pobres, ex-colônias ou
colônias) ficaram incumbidos do fornecimento de produtos agrícolas ou matéria-prima para o consumo em larga escala. O papel do Brasil nessa conjuntura
internacional foi produzir café, que dava lucro para os exportadores e para os
importadores.

Plantar café, de fato, dava lucro, apesar de todas as dificuldades: empate
de capital durante quatro anos, tempo necessário para o cafezal produzir sua
primeira safra; o tempo e a mão de obra gastos no beneficiamento dos grãos; as
pragas, doenças e geadas que podem arruinar um cafezal; e o pior de tudo: as
oscilações do preço no mercado internacional.

A fim de defender tão rica mercadoria de toda sorte de contratempos climá-
ticos, biológicos, comerciais e sociais, o Brasil lançou mão de políticas e medidas
econômicas para garantir o preço e a lucratividade. Isso levou o produtor a for-

Ferrugem, uma das pragas da cultura de café.

mar mais cafezais, criando uma tendência que marcou a cafeicultura brasileira: a superprodução.

Essa postura determinou a adoção de medidas que vão desde a criação de estoques reguladores (o governo compra a safra com empréstimos feitos geral-

A propaganda do café na década de 1930.

© Gerson Sobreira/Terrastock

© Apic/Getty Images

mente no exterior para esperar melhor preço) até a queima de produção (o que ocorreu de 1931 a 1940, quando houve um desequilíbrio muito grande entre a oferta e a procura), passando pelo recurso da desvalorização cambial, que significou tornar a moeda brasileira mais barata que a moeda internacional (a libra esterlina e depois o dólar americano). Tais medidas, evidentemente, beneficiavam os produtores e comerciantes de café, que, como figuras públicas, determinavam a política do café a ser adotada. Assim, a oligarquia tinha poder de patrocinar a imigração da mão de obra europeia e promover intervenções do governo nas crises do café.

Muitas políticas econômicas foram adotadas com o objetivo de preservar os investimentos com o café. Em 1906, por exemplo, ocorreu o chamado Convênio de Taubaté, que estabeleceu a compra dos excedentes de produção pelo governo, mediante empréstimos de capital estrangeiro, para restabelecer o equilíbrio entre a oferta e a procura; estabeleceu também a criação de um imposto sobre a exportação de café, destinado ao pagamento das dívidas, e promoveu o desestímulo à expansão das plantações. Tal convênio dá um exemplo de que o Estado era o café, e os cafeicultores eram os governantes.

A partir da década de 1930, a oligarquia do café sofreu duas grandes derrocadas: a baixa do preço do produto e a perda de parte de seu poder político. Devido à crise internacional, provocada pela quebra da Bolsa de Nova York, em

MEDIDAS PARA GARANTIR A LUCRATIVIDADE DO CAFÉ

MEDIDAS POLÍTICAS	MEDIDAS ECONÔMICAS
Promover a imigração de mão de obra	Estoque regulador
Convênio de Taubaté	Empréstimos no exterior
	Desvalorização cambial
	Queima de café

© Glauco Diógenes

© Coleção Monsenhor Jamil Nassif Abib

Nas grandes exposições, o café é o rei.

1929, o preço do café caiu no mercado internacional. O poder político da oligarquia cafeicultora foi abalado pela Revolução de 1930, quando outros grupos políticos e econômicos ligados ao gado, à cana-de-açúcar e ao cacau disputaram o poder. Apesar da tentativa malograda de São Paulo para retornar ao poder em 1932, com a Revolução Constitucionalista, os fazendeiros paulistas do café conseguiram formar um sólido bloco de poder político, econômico e cultural.

A oligarquia cafeeira paulista foi a base de boa parte da burguesia industrial. Ela soube diversificar suas atividades, investindo no comércio, no transporte, na indústria e em bancos. Dessa maneira, mesmo perdendo o prestígio político, depois de 1930, continuou detentora do capital financeiro e comercial investido na indústria.

Os tempos mudaram e uma nova ordem mundial se estabeleceu a partir da década de 1930: os Estados Unidos passaram a dominar o mundo capitalista, determinando as regras de mercado e as relações comerciais entre os países. No Brasil, o Estado passou a assumir a responsabilidade pelo café, embora tenham aparecido outros interesses, como a indústria de base (metalúrgica, siderúrgica, química etc.), as rodovias e novas culturas de exportação, como a laranja.

O controle dos negócios de café passou por diversas mãos: até 1930, esteve sob o controle dos paulistas, por meio do Instituto do Café; depois dessa década, foi criado o CNC (Conselho Nacional do Café), órgão federal. Em 1952, surgiu o IBC (Instituto Brasileiro do Café), que durou até 1990.

O IBC teve de enfrentar e resolver sérios problemas, sobretudo a concorrência dos novos produtores (México, El Salvador, Guatemala, Costa Rica, Colômbia, Costa do Marfim, Angola, Uganda, Etiópia, Quênia, Congo, entre outros) e a questão da exportação e retenção do produto que caberiam a cada país produtor.

A partir da década de 1960, os negócios do café passaram às mãos de organismos internacionais, como a OIC (Organização Internacional do Café), da qual participam cinquenta países produtores, que detêm 95% da produção mundial, e 24 países consumidores, que representam 84% do consumo. Tal composição revela a interferência não apenas dos consumidores, mas sobretudo das grandes empresas importadoras multinacionais que hoje dominam os negócios do café.

O caso do café solúvel é um bom exemplo da interferência externa na economia brasileira. Ele era fabricado no Brasil desde 1965; sua exportação saltou de 3,5 milhões de dólares para 25 milhões em 1967 e 1968. A partir de 1970 os Estados Unidos pressionaram a OIC para que ela proibisse nossa fabricação de café solúvel, alegando que o Brasil tinha matéria-prima (café verde) mais barata. A saída foi vender o café verde para os Estados Unidos ao mesmo preço que o do mercado interno brasileiro.

O café é um grande negócio no mundo agrícola dos países emergentes. Em 1980, esse produto só perdeu para as exportações de petróleo. É consumido no mundo todo, principalmente em forma de café solúvel, depois de passar pela indústria que o transforma em pó, isto é, faz o seu processamento.

Os maiores lucros acontecem no processamento e, por isso, as empresas (multinacionais) que industrializam o café acabam dominando o mercado.

O CONTROLE DA PRODUÇÃO DE CAFÉ

1930
Controle Paulista
Política do café com leite

1931 – 1951
Conselho Nacional
do Café (CNC)

1952 – 1990
Instituto Brasileiro
do Café (IBC)

1960 – 1990
Organização Internacional
do Café (OIC)

© Glauco Diógenes

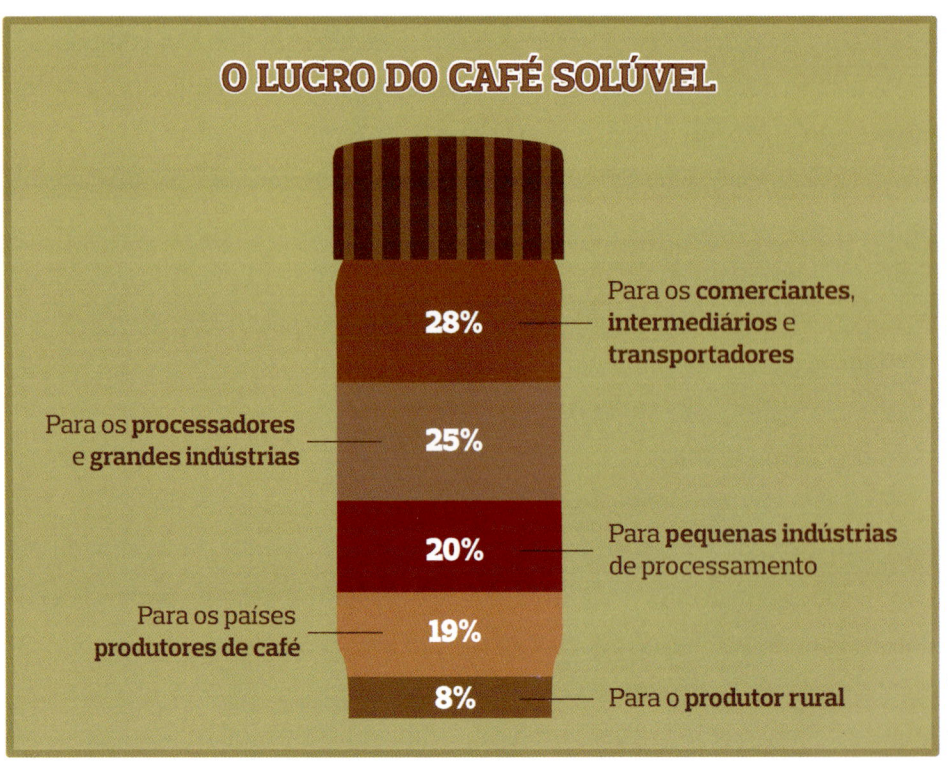

O LUCRO DO CAFÉ SOLÚVEL

28% — Para os **comerciantes, intermediários** e **transportadores**

Para os **processadores e grandes indústrias** — **25%**

20% — Para **pequenas indústrias** de processamento

Para os **países produtores de café** — **19%**

8% — Para o **produtor rural**

© Glauco Diógenes

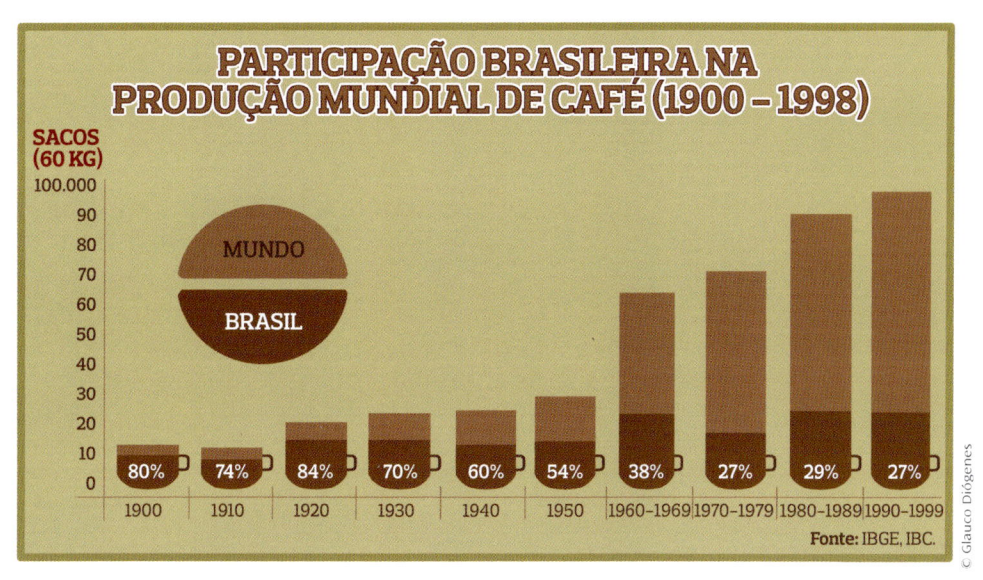

PARTICIPAÇÃO BRASILEIRA NA PRODUÇÃO MUNDIAL DE CAFÉ (1900 – 1998)

SACOS (60 KG)

	1900	1910	1920	1930	1940	1950	1960–1969	1970–1979	1980–1989	1990–1999
	80%	74%	84%	70%	60%	54%	38%	27%	29%	27%

Fonte: IBGE, IBC.

© Glauco Diógenes

Nas décadas de 1960, 1970 e 1980, o Brasil exportou entre 15 milhões e 18 milhões de sacas de café por ano, com uma participação de 27% do volume exportado mundialmente. Na década de 1990, as exportações brasileiras ficaram no mesmo patamar, porém a participação no mercado mundial caiu, situando-se em 20% das exportações mundiais de café, as quais giram em torno de 78 milhões de sacas/ano.

A partir dos anos 1990, o café passou a ser plantado em muitos lugares no Brasil. São Paulo e Paraná, que eram os principais produtores, perderam muito de sua área plantada em favor de outras culturas, como soja, trigo, cana-de-açúcar, laranja etc. Em contrapartida, outros estados tornaram-se grandes produtores: Minas Gerais, Espírito Santo, Bahia, Ceará, Pernambuco, Rondônia. Planta-se café até em áreas historicamente pouco tradicionais, como Pará e Mato Grosso.

Além disso, mudou a conjuntura internacional: o café brasileiro passou a sofrer competição do café da Colômbia, hoje sinônimo internacional de qualidade. Isso se deve em parte ao processo de colheita ("a dedo") e ao beneficiamento, que melhoram o aroma e o sabor do café.

Mas a Colômbia não é o nosso único problema. O café, um produto que já representou 70% das exportações brasileiras, atualmente responde por apenas 6,6%. Não existe mais um cafeicultor como o do começo do século XX. Há, hoje, um produtor rural que, entre outras atividades, se dedica ao café, buscando nessa diversificação de atividades a solução para seus apertos financeiros.

EVOLUÇÃO DA PRODUÇÃO DO CAFÉ POR TIPO, SEGUNDO OS PRINCIPAIS ESTADOS PRODUTORES

PRODUÇÃO (MIL SACOS 60 KG)

ROBUSTA / ARÁBICA

97–98 98–99 (MG, ES, SP, PR, BA, RN, OUTROS)

Fonte: IBGE, IBC.

© Glauco Diógenes

DISTRIBUIÇÃO DE ÁREA E PRODUÇÃO DE CAFÉ SEGUNDO OS PRINCIPAIS ESTADOS PRODUTORES

Rio Grande do Norte — Bahia — Outros — Paraná — São Paulo — Espírito Santo — Minas Gerais

ÁREA PRODUTIVA (ha)   100% = 1.788.320 (ha)

POPULAÇÃO (mil pés) 100% = 3.260.640 (mil pés)

Fonte: IBGE, IBC.

© Glauco Diógenes

Os maiores produtores mundiais de café são Brasil — com aproximadamente 34% da produção mundial —, Colômbia, México e Guatemala (café arábica, o *Coffea arabica*); e Indonésia, Vietnã, Costa do Marfim, Índia, Uganda e Etiópia, onde predomina o plantio do café robusta (*Coffea canephora*). No final da década de 1970, a área cultivada com café no mundo era de 10 milhões de hectares, evoluindo para 13,5 milhões de hectares no final da década de 1980, quando começou a cair. Hoje, situa-se em torno de 11,5 milhões de hectares.

Os países ricos consomem mais café que aqueles com renda menor. O maior consumo de café pode ser relacionado com as baixas temperaturas, como no norte da Europa. Os Estados Unidos, com uma demanda anual de 18 milhões de sacas de 60 quilos, destacam-se como maior consumidor, contudo o consumo *per capita* é de apenas 4,1 kg/ano.

No Brasil, o maior produtor de café do mundo, o consumo *per capita* gira em torno de 3,7 kg/ano.

O mercado internacional está em expansão (principalmente quando se refere a cafés finos), e o Brasil tem como expandir sua área de cultivo, enquanto outros países produtores não têm. Nosso país possui a infraestrutura necessária; além de portos, estradas e armazéns, dispõe também de novas mudas desenvolvidas com melhoramento genético no Instituto Agronômico de Campinas, como as variedades de café *Novo Mundo* e *Catuaí*, resistentes a pragas, doenças e condições climáticas adversas. Enfim, tratando-se de café, o Brasil tem todo um potencial a ser explorado.

PRINCIPAIS PRODUTORES DE CAFÉ

PAÍSES	2011	
	Produção	Part. (%)
Brasil	43.154	33,57
Vietnã	18.500	14,39
Colômbia	8.500	6,61
Indonésia	8.750	6,81
Etiópia	6.350	4,94
Índia	5.500	4,28
Honduras	4.300	3,34
México	4.500	3,50
Peru	4.447	3,46
Guatemala	3.600	2,80
Costa do Marfim	1.600	1,24
El Salvador	1.450	1,13
Nicarágua	1.800	1,40
Outros países	16.109	12,53
TOTAL	128.560	100,00

CAFÉ ARÁBICA

CAFÉ ROBUSTA

Fonte: Associação Brasileira da Indústria de Café (ABIC)

© Glauco Diógenes

Produção mundial de café dos principais produtores. Volume em mil sacas de 60 kg.

Produzir cafés especiais também é uma preocupação entre os produtores de café. Atualmente, as atenções estão voltadas para o café orgânico, cujo cultivo seria feito sem agrotóxicos, dentro do conceito de sustentabilidade. Hoje, no Brasil, produz-se café de diferentes modos: em pó, em grãos, solúvel, *gourmet*, descafeinado e orgânico, pois há público consumidor de todos os gostos.

O CONSUMO E A PRODUÇÃO DE CAFÉ NO MUNDO

Fernando José Ferreira

13. A capital do café

PARA SE TER UMA IDEIA DAS TRANSFORMAÇÕES sociais e econômicas que o café proporcionou ao Brasil, em particular a São Paulo, vale a pena voltar ao século XIX. A futura capital econômica do Brasil, então cidadezinha provinciana, em nada lembrava o luxo da corte no Rio de Janeiro. Nessa época, não passava de uma aldeia rústica, com 20 mil habitantes. O Vale do Anhangabaú, hoje uma via expressa de grande movimento, era ocupado por chácaras e hortas. Durante o dia, era percorrido por escravos carregando água, tropeiros, gente de passagem. No centro da cidade, não havia mais que meia dúzia de ruas tortas (uma delas chamada Rua Direita!), edifícios públicos acanhados, algumas igrejas e mosteiros. Nos arredores, apenas mato, casas de barro socado e estradas precárias.

Café expresso – está escrito na porta.
Entro com muita pressa. Meio tonto,
por haver acordado tão cedo...
E pronto! parece um brinquedo:
cai o café na xícara pra gente
Maquinalmente.

E eu sinto o gosto, o aroma, o sangue quente de S.Paulo
nesta pequena noite líquida e cheirosa
que é a minha xícara de café. (...)

Cassiano Ricardo, *Café-expresso.*

Largo da Sé, São Paulo, em 1860. Antes da passagem do café, a capital paulista era muito provinciana.

Com a marcha para o oeste, a partir de 1870, e o alastramento das estradas de ferro para o interior, a cidade de São Paulo passou a crescer e a se modernizar, tornando-se em poucos anos uma metrópole cosmopolita, com dinamismo econômico e político, e uma marcante influência dos costumes europeus.

No coração da jovem metrópole se concentravam as lojas chiques, os cafés, os salões de chá, as grandes livrarias, os bancos e os escritórios. Pelas ruas trafegavam tílburis e coches de aluguel, além dos tradicionais bondes puxados a burro. No começo da tarde, distintas damas e senhoritas da melhor sociedade circulavam pelas ruas. Era a hora das compras e dos namoros à distância.

A partir do momento em que o café foi penetrando o interior de São Paulo, em direção ao norte e ao oeste, a capital do estado passou a sediar luxuosas mansões da oligarquia cafeicultora. Situadas nas avenidas Higienópolis, Brigadeiro Luís Antônio, Angélica e Paulista, eram construídas com mão de obra imigrante (italiana) e todas as inovações tecnológicas: tinham banheiros, venezianas, instalações hidráulicas, assoalhos de pinho-de-riga, telhas de Marselha e banheiras de mármore de Carrara. Essas construções ficavam afastadas da via pública.

A partir de 1920, a cidade de São Paulo tornou-se sinônimo de movimento e comodidade: bondes elétricos, iluminação pública, praças e jardins públicos

Rua XV de Novembro, no centro de São Paulo, por volta de 1910. A cidade começava a se modernizar e crescer.

© Aurélio Becherini

arborizados, ruas largas, ribeirões canalizados, teatros e vida noturna. Nesse cenário prosperava uma sociedade em cujo topo reinava a oligarquia cafeeira.

Com hábitos refinados, como o de incentivar a cultura nos salões e as viagens a Paris, essa classe abrigava os "doutores" (médicos, engenheiros, advogados,

No. 17. S. Paulo — Avenida Paulista I.

© Reprodução

Cartão-postal da Avenida Paulista. No início do século XX, a cidade, enriquecida pelo café, começava a receber seus primeiros casarões na Avenida Paulista.

políticos), cujo prestígio vinha da terra. A elite procurava manifestar sua modernidade metropolitana incorporando hábitos e produtos da Europa ao nosso cotidiano. A língua foi invadida por centenas de palavras francesas e inglesas, que deram origem a palavras como *abajur, balé, bonde, futebol*… Enquanto isso, cresciam os bairros operários, impulsionados pela industrialização.

Foi graças ao café que a Semana de Arte Moderna de 1922, um marco na cultura brasileira, aconteceu em São Paulo. Dela participaram músicos, artistas plásticos, intelectuais e escritores de renome, como Mário de Andrade, Paulo Prado, Tarsila do Amaral, Villa-Lobos, Menotti del Picchia, entre outros. A maioria era de família rica e viajava com frequência para a Europa, incorporando à sua arte as transformações do novo século: urbanização, máquinas, movimento.

Foi esse o espírito que marcou a Semana de Arte Moderna. Em 1922, no Teatro Municipal, símbolo do poder da oligarquia cafeeira paulista, aconteceram recitais, discursos, conferências e exposições de artistas. Houve muita vaia, polêmica e agitação. Afinal os artistas propunham liberdade artística, o encontro da tradição com a modernidade, uma renovação na língua e na arte em geral, e isso se chocava com o ranço dos artistas acadêmicos do século XIX.

© Aurélio Becherini/Agência Estado

Teatro Municipal. No primeiro plano, à esquerda, o Viaduto do Chá. No centro, parte das plantações e as casas de aluguel da chácara do Barão de Itapetininga. No fundo, à esquerda, o Teatro São José, inaugurado em 1900; no centro, o Teatro Municipal recém-construído.

"Queremos luz, ar, ventiladores, aeroplanos, reivindicações obreiras, idealismos, motores, chaminés de fábricas, sangue, velocidade, sonho na nossa Arte."

Pronunciamento de Menotti del Picchia na Semana de Arte Moderna de 1922.

Mário de Andrade, um dos idealizadores do movimento, estabeleceu uma relação de causalidade entre a Semana que marcou o início do Modernismo brasileiro e o surgimento da elite cafeicultora:

"O movimento modernista era nitidamente aristocrático. Pelo seu caráter de jogo arriscado, pelo seu espírito aventureiro ao extremo, pelo seu internacionalismo modernista, pelo seu nacionalismo embrabecido, pela sua gratuidade antipopular, pelo seu dogmatismo prepotente, era uma aristocracia do espírito. Bem natural, pois, que a alta e a pequena burguesia o temessem. Paulo Prado, ao mesmo tempo um dos expoentes da nossa aristocracia intelectual paulista, era uma das figuras principais da nossa aristocracia tradicional."

Caderno Ensaio, nº 4, Mário de Andrade hoje.

Retrato de Mário de Andrade, de Tarsila do Amaral (1922). Figura central do Movimento Modernista (óleo sobre tela, 54 x 46cm).

© Tarsila do Amaral Empreendimentos

A gare, obra de Tarsila do Amaral (óleo sobre tela, 84,5 x 65cm, 1925.)

Essa posição aristocrática de Mário de Andrade, assentada sobre a tradição do café, explica o seu ódio ao burguês, manifestado no texto "Ode ao burguês", declamado na Semana de Arte Moderna, e, ao mesmo tempo, reflete o surgimento de uma classe, a burguesia industrial, ou parte dela, não ligada ao café, composta de estrangeiros, sem tradições familiares.

Essa elite intelectual, que fez a Semana de 1922 e que tinha relações bem evidentes com o café, incluía em seu projeto de modernidade repensar o Brasil, sua origem agrária, seu passado colonial; daí seu caráter nacionalista. E alguns intelectuais e artistas, como o próprio Mário de Andrade, chegaram a perceber a contradição entre o moderno e o antigo como marca da cultura brasileira.

14. Quem foi rei nunca perde a majestade

NÃO SE PODE AFIRMAR QUE HOUVE UM desenvolvimento cultural em torno do café, tal como houve uma produção cultural ligada exclusivamente à cana--de-açúcar ou ao cacau. Segundo o historiador Hernâni Donato, o café migrou sempre, por isso não criou hábitos e folclore. "Não era uma planta, mas uma cotação na bolsa de Londres ou de Nova York. A sua razão de ser não estava na vocação da terra e do homem, mas nas libras esterlinas e nos dólares que carreava para o Brasil."

O café deixou, contudo, marcas na cultura popular e na erudita. Ele foi tema da pintura de Cândido Portinari, da poesia de Cassiano Ricardo e pano de fundo ou tema privilegiado de inúmeros romances, por exemplo, *Terra roxa*, de Rubens do Amaral; *Espigão da samambaia*, de Leão Machado; *A carne*, de Júlio Ribeiro; *A marcha*, de Afonso Schmidt; e a literatura infantojuvenil de Francisco Marins, especialmente dedicada ao tema, só para citar alguns.

Veja os textos a seguir. O primeiro descreve a colheita; o segundo mostra o café como fonte de riqueza.

"A Santa Josefa acordou ruidosa às quatro horas, do letargo em que vivera desde outubro de 1917, despertando para a vida intensa da colheita do café! O sino, nessa madrugada, vibrou mais forte, tangido por Gonçalves, como se compreendesse a importância do ato que marcava. Era o toque de avançar! (...)

A colheita era tarefa de todos. Os adultos derriçavam o corpo das árvores. Os rapazes, sobre as escadas em tripé, cuidavam dos galhos mais altos. A pequenada, trabalhando a brincar, insinuava-se sob a saia e dava conta da sua parte com igual presteza.

Da Silva observava interessado o serviço. Tinha imaginado que os bagos eram colhidos um a um. Ao contrário, via agora que os colonos, tomando as varetas na base, faziam correr por elas a mão apertada, num puxão, e arrancavam assim os frutos todos de uma só vez."

Rubens do Amaral, Terra roxa (1934).

"Fortunas se faziam do dia para a noite. O valor da terra sumira. O das benfeitorias, nem se discutia. A propriedade rural valia por pé de café. A dez mil-réis o pé, a oito, a doze, a quinze. E os negócios multiplicavam-se estonteantemente. Fulano comprava hoje uma fazenda por trezentos contos, vendia três meses depois por seiscentos e ia comprar outra por novecentos.

Era uma vertigem. Mas era uma vertigem deliciosa. O dinheiro circulava largamente, os negociantes tinham as portas abertas, os sorrisos abertos, as confianças abertas. Qualquer pé-rapado tinha crédito, dinheiro no bolso, conta corrente no banco, geladeira, rádio, automóvel.

E tão cega e tão grande foi a confiança, que tudo se jogou no vórtice alucinante da jogatina: anos lentos de trabalho penoso, economias regradas, honra, crédito e bom senso."

Leão Machado, Espigão da samambaia (1935).

O declínio do café na região do Vale do Paraíba mereceu a atenção e a expressão artística de um dos maiores escritores brasileiros, Euclides da Cunha, que trabalhou como engenheiro em Lorena (SP), nos anos de 1902 e 1903. No texto a seguir, retirado de *O outro Euclides — O engenheiro Euclides da Cunha no Vale do Paraíba (1902-1903)*, organização de José Luiz Pasin, descreve a impressão de um viajante a um antigo casarão de fazenda de café.

> "Chega à sala de jantar, deserta... E naquela quietude sinistra, se não o amedrontam os ecos dos próprios passos, longos, reboantes, morrendo vagarosamente na habitação vazia, comove-o, irresistível, a visão retrospectiva dos belos tempos em que a vivenda senhoril pompeava triunfalmente no centro dos cafezais floridos. Então era o tropear ruidoso das cavalgadas que chegavam; a longa escadaria onde rolavam saudações joviais, risos felizes, subidas e descidas tumultuárias entre os estrépitos argentinos das esporas; o vasto salão referto de convivas; a velha sala ornada para os banquetes ricos; e à noite as janelas resplandecendo, abertas para a escuridão e para o silêncio, golfando claridades e a cadência das danças, enquanto fora, no terreiro limpo, ao brilho das fogueiras, turbilhonava o samba dos cativos, ao toar melancólico e bruto dos caxambus monótonos. É um contraste comovente."
>
> José Luiz Pasin (org.) *O outro Euclides – O engenheiro*
> *Euclides da Cunha no Vale do Paraíba (1902-1903).*

Com o café vieram os imigrantes. Primeiro os italianos, depois os espanhóis, os japoneses, que imprimiram traços de sua cultura à miscigenação cultural que é São Paulo. Alcântara Machado, em seu livro *Brás, Bexiga e Barra Funda*, retrata casos e costumes da população pobre de São Paulo, em que a presença italiana é marcante.

"Então os transatlânticos trouxeram da Europa outras raças aventureiras. Entre elas uma alegre, que pisou na terra paulista cantando e na terra brotou e se alastrou como aquela planta também imigrante que há duzentos anos veio fundar a riqueza brasileira. (...)

Carcamano pé-de-chumbo
Calcanhar de frigideira
Quem te deu a confiança
De casar com brasileira?"

Antônio de Alcântara Machado, *Brás, Bexiga e Barra Funda* (1928).

E hoje as ressonâncias do café na cultura popular estão de tal forma enraizadas que nem nos damos conta delas.

Observe a canção de ninar:

"Nana, nenê
Que a cuca vem pegá,
Mamãe tá na roça,
Papai no cafezá."

Ou então, esta moda popular:

"Eu quisera sê penera,
Na coieta do café,
Pra andá dipindurado
Nas cadera das muié."

> Ou, ainda:
>
> "O Zé-prequeté
> Tira bicho do pé
> Pra comê com café
> Na porta da Sé!"

Temos também muitas expressões populares ligadas ao café, como estas:

> café com três efes (frio, fraco, fedorento);
> café pequeno (tarefa fácil de realizar);
> café com leite (cor);
> café amargo (uso medicinal);
> café da manhã (desjejum);
> café-concerto (espécie de bar, com música);
> café-gordo (acompanhado de pão, manteiga etc.);
> café-caneca (botequim de baixa categoria);
> café curto (meia xícara);
> café longo (xícara inteira);
> café carioca (café fraco);
> café paulista (café forte);
> café com cinco efes (frio, fraco, fedido, com formiga no fundo).

O poeta Cassiano Ricardo, participante do movimento modernista, iniciado com a Semana de Arte Moderna, sintetizou todas as etapas do café, da plantação à xícara:

Num salão de Paris
A linda moça de olhar gris
Toma café.
Moça feliz!

Mas a moça não sabe, por quem é,
Que há um mar azul, antes da sua xícara de café;
E que há um navio longo antes do mar azul…
E que, antes do navio longo, há uma terra do sul;
E, antes da terra, um porto em contínuo vaivém,
Com guindastes roncando na boca do trem
E botando letreiros nas costas do mar…
E, antes do porto, há um trem madrugador;
Sobe-desce da serra, a gritar, sem parar,
Nas carretilhas que zunem de dor…
E, antes da serra, está o relógio da estação…
Tudo ofegante, como um coração
Que está sempre chegando, e palpitando assim…
E, antes dessa estação, se estende o cafezal.
E antes do cafezal, está o homem, por fim,
Que derrubou sozinho a floresta brutal,
O homem sujo de terra, o lavrador,
Que dorme rico, a plantação branca de flor,
E acorda pobre, no outro dia (não faz mal…),
Com a geada negra, que queimou o cafezal.
A riqueza é a noiva (que fazer?),
Que promete, e que falta, sem querer…

Chega a vestir-se assim, enfeitada de flor,
Na noite branca, que é o seu véu nupcial;
Mas vem o sol, queima-lhe o véu,
E a conduz loucamente para o céu,
Arrancando-a das mãos do lavrador.

Quedê o sertão daqui?
Lavrador derrubou.

Quedê o lavrador?
Está plantando café.

Quedê o café?
Moça bebeu.

Mas a moça onde está?
Está em Paris.

Moça feliz!

Cassiano Ricardo, "Moça tomando café", *Martim Cererê (1936).*

Considerações finais

O CAFÉ, COMO PLANTA E BEBIDA, não é nativo do Brasil; sua produção respondeu a uma necessidade internacional. A partir do século XVIII, o café suplantou em preferência as bebidas alcoólicas, por suas propriedades estimulantes, que predispunham tanto ao trabalho braçal (incentivado pela Revolução Industrial) como às atividades intelectuais.

A cultura do café encontrou no Brasil condições favoráveis ao seu desenvolvimento — terra disponível, mão de obra barata, clima ameno e solo fértil. A partir do século XIX, com o declínio das atividades econômicas tradicionais, como a cana-de-açúcar e o ouro, o café reinou praticamente absoluto por mais de cem anos.

A cafeicultura possibilitou ao Brasil a expansão territorial e o povoamento do interior à custa da derrubada das matas, de queimadas e da morte de índios. Estimulou o uso da mão de obra escrava, mas soube se adaptar aos novos tempos, introduzindo o trabalho livre com o imigrante e absorvendo o migrante, primeiro como colono e depois como boia-fria.

A riqueza e o poder político trazidos pelo café possibilitaram a mudança do eixo econômico do Nordeste para o Sudeste e a Proclamação da República. No entanto, não se pode afirmar que a cultura cafeeira foi responsável por uma mudança na estrutura econômica do Brasil, pois ela conviveu com outras atividades econômicas, como o gado, no sertão nordestino; a cana-de-açúcar, no

Nordeste; o cacau, na Bahia, e a borracha, no Norte do país. E, como as demais atividades, baseou-se no latifúndio exportador, com grande número de trabalhadores. Enfim, foi e é uma cultura dependente dos interesses internacionais e concentradora de renda.

O cafeicultor, ao contrário de outros fazendeiros, não se ligou unicamente à terra. Foi um homem de negócios que soube investir em outras atividades a serviço de seus interesses políticos.

O café gerou capital, que foi investido, entre outras áreas, na indústria, e fez de São Paulo o estado mais rico do país. Isso não se deu em outras regiões produtoras de café, em geral prolongamentos da cafeicultura paulista.

Atualmente o café ainda é um produto lucrativo, mas praticamente não existe mais a "classe" dos cafeicultores. A diversificação de culturas é fundamental para a empresa agrícola, pois as culturas sazonais (de determinadas estações do ano), como milho, feijão, soja etc., e a pecuária bovina garantem os investimentos.

© EWAStock/Glow Images

A produção e a procura do café não diminuíram. O preço no mercado internacional é que sofre oscilações, sobretudo devido à qualidade do produto brasileiro, que perde para a dos concorrentes. Mas não são os cafeicultores que decidem sobre os rumos da produção e da comercialização, e sim as empresas.

Assim, o cafezinho, que é produto de sobremesa, tornou-se um produto de alta rentabilidade nas bolsas de valores do mercado internacional, tanto que ficou conhecido como "ouro verde".

O que se constata no Brasil é que a produção de café, nos últimos anos, tem apresentado números crescentes, ainda que a área de plantio de café tenha se mantido praticamente a mesma nos últimos anos. Isso se deve ao aumento da produtividade, fruto de pesquisas que vêm sendo realizadas — com destaque para aquelas relacionadas à Embrapa Café.

Assim podemos concluir este nosso trabalho com um pensamento mineiro:

> Na terra do café, tomar um cafezinho é sinal de confiança; é presença constante no bate-
> -papo descontraído, na conversa ao pé do ouvido, no negócio acertado.

Bibliografia

ARAÚJO FILHO, J. R. de. O café, riqueza paulista. In: *Boletim Paulista de Geografia*. São Paulo: Associação dos Geógrafos Brasileiros n. 23, 1956.

ELLIS JÚNIOR, Alfredo. O café e a paulistânia. In: *Boletim n. 141* — História da Civilização Brasileira n. 13; Publicação da Universidade de São Paulo, 1951.

HOLANDA, Sérgio Buarque de. *História geral da civilização brasileira*. São Paulo: Difusão Europeia do Livro, 1960.

MATOS, Odilon Nogueira de. *Café e ferrovias*. São Paulo: Alfa-Ômega, 1974.

MONBEIG, Pierre. *Pionniers et planteurs de São Paulo*. Paris: A. Colin, 1952.

MOTTA ALVES. *A civilização do café*. São Paulo: Brasiliense, 1978.

SILVA, Sérgio. *Expansão cafeeira e origens da indústria no Brasil*. São Paulo: Cultrix, 1982.

STEIN, Stanley J. *A grandeza e a decadência do café no Vale do Paraíba*. São Paulo: Brasiliense, 1961.

TAUNAY, Afonso de E. *História do café no Brasil*. Rio de Janeiro: Departamento Nacional do Café, 1939-1943.